BIEN ÉCRIRE AU TRAVAIL

Groupe Eyrolles
Éditions d'Organisation
61, bd Saint-Germain
75240 Paris Cedex 05
www.editions-organisation.com
www.editions-eyrolles.com

Du même auteur

Les Yeux bandés, nouvelle, 2ᵉ prix catégorie auteurs publiés, concours du Cinal « Dire le non-visuel », parue dans « L'Autre beauté du monde », Éditions de La Loupe/La Balle au bond, 2009.

Qu'as-tu fait de ta sœur ?, roman, Grasset, sélection premiers romans Biblion, 2000.

Sarabande et autres textes pour « Le Bocal agité » publié par Gare au Théâtre, 1998.

La Sueur salée comme la mer, nouvelle, finaliste au Concours de la nouvelle littéraire de Nanterre, publiée dans la revue « Encres vagabondes », 1997.

Publication professionnelle

Aide-mémoire du bien écrire, Cnaf (diffusion réseau service public)

Chez le même éditeur

Mireille Brahic, *Mieux rédiger ses écrits professionnels*

Michelle Fayet, *Savoir rédiger le courrier d'entreprise*

Michelle Fayet, *Réussir ses comptes rendus*

© Groupe Eyrolles, 2011
ISBN : 978-2-212-54869-3

Agnès Renaut

BIEN ÉCRIRE
AU TRAVAIL

EYROLLES

Éditions d'Organisation

AVANT-PROPOS

L'écrit professionnel est, par définition, lié à l'activité et à ses finalités. En conséquence, cet ouvrage aborde l'écrit professionnel par
le prisme de l'action et des objectifs visés.

Dans une démarche qualité de l'écrit professionnel, il s'agit de
relier la relation écrite aux notions fondamentales de la communication et aux enjeux de l'entreprise dans ses échanges avec l'extérieur comme dans son fonctionnement interne. La démarche ici
proposée se base sur une inversion de l'interrogation habituelle :
avant de se demander comment écrire une lettre (ou une note, ou
une synthèse), il faut se poser les questions contextuelles (pour
qui, pour obtenir quoi, dans quelle finalité, avec quel support…).
Ensuite seulement intervient la technique de rédaction.

En situation de travail, le rédacteur doit être réactif, efficace. Il
le sera véritablement grâce à un savoir et à un savoir-faire pour
répondre à sa mission.

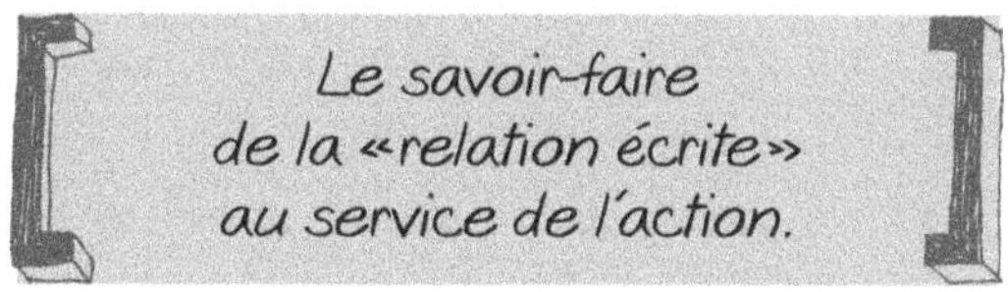

Manuel de référence, cet ouvrage apporte un socle intellectuel
qui rend apte à appréhender toute situation de communication
écrite, interne ou externe. Il favorise une compétence transversale de « relation écrite », opérationnelle dans divers domaines

d'expertise. Il invite à une hauteur de vue sur la communication écrite, en lien avec les situations de management, de travail en équipe et avec l'environnement de l'entreprise.

Guide de rédaction, il fournit des outils du « bien écrire » : les techniques rédactionnelles, les préconisations pour la construction du message, les consignes pour réussir, dans le fond et dans la forme, un écrit professionnel. Il intègre une méthodologie applicable à toute situation de rédaction. Il présente un panorama des supports actuels de la vie professionnelle, avec leur mode d'emploi. Il propose de nombreux conseils et des exemples pour relier l'écrit à l'action, afin que le message atteigne le résultat attendu.

Sommaire

Chapitre I

L'ENJEU DE L'ÉCRIT PROFESSIONNEL AUJOURD'HUI

L'essor de la communication écrite

Depuis plusieurs décennies, on annonce la fin de l'écrit ! Pour preuve, en vrac : les nouvelles technologies de l'information, le langage « sms », la perte du « savoir écrire » dans les cursus de formation, la chute de la lecture, etc. On pense que l'ère de la communication précipite sa chute. Balayons ces lieux communs… qui excusent souvent le « mal écrire » et révèlent un oubli de notre histoire.

La communication existe depuis les débuts de l'humanité, sur les murs des grottes, et l'humanité a écrit dès qu'elle a voulu élaborer un langage partagé par plus de quelques-uns et donner une durée de vie plus longue à son message. Avec Internet, on a cru voir la fin des livres, mais on oublie deux choses : le livre, autrefois réservé aux lettrés, s'est démocratisé et, aujourd'hui, la production éditoriale est exponentielle. Quant à la relation écrite entre les individus et les organisations économiques, il y a longtemps qu'elle ne se réduit plus à la correspondance.

Ce qui change, ce sont : les langages, les supports, les modalités de diffusion. En réalité, l'écrit est plus vivant que jamais, il se diversifie, il se multiplie.

L'ère du « tout communiquer »

On clame l'ère du « tout communiquer », c'est-à-dire : on communique tout, tout le monde communique, on communique n'importe quoi…

C'est un constat : les réseaux sociaux, les messageries, les *newsletters*, les sites, les forums, les blogs… déploient à l'infini les échanges d'information à travers le monde.

Or, dans cet univers du « tout communiquer », l'expression écrite monte en flèche, dans un essor inégalé et accéléré de supports démultipliés, matériels ou virtuels.

> L'ère du « tout communiquer »
> ⌄
> Qu'est-ce que « communiquer » ?
> « *Communicare* » (1361, lat.) : « être en relation avec »
> ⌄
> Avec qui ? Pourquoi ? Comment ?

Plus la galaxie « communication » s'étend, plus les supports se dématérialisent, moins le destinataire est identifié, notamment dans les flux Internet.

Plus le destinataire est abstrait et démultiplié, plus la communication doit être rigoureuse et plus l'écrit doit s'ajuster pour réduire la marge de flou.

 **Derrière un ordinateur, il y a toujours quelqu'un ! Dans cet univers virtuel, ce sont les supports qui sont dématérialisés ! Pas les émetteurs ni les récepteurs des messages. Même si l'on s'adresse à un groupe cible, c'est d'abord un individu qui lira le message.**

Sur le Web, tout dépend des mots !

Un message sur le Web va surfer vers des milliers de destinataires :

- Qui sont-ils ? Une cible, mais aussi des individus.
- Qui lira ? Celui qui sera attrapé dans sa navigation !
- Que fera-t-il du message ? Au moins, le comprendra-t-il ?

Aujourd'hui, le « savoir écrire » requiert plus que jamais la maîtrise de la rédaction, qui garantit le sens, et des notions de communication qui assurent l'efficacité du message.

L'écrit professionnel actuel

Le monde professionnel est à l'ère du « tout communiquer » car il utilise un grand nombre de supports qui se répartissent désormais selon deux voies de diffusion : le papier et le dématérialisé.

L'évolution socio-économique, qui agrandit le champ d'action de chacun et de toute entreprise, entraîne une très forte croissance de la communication (technologies et supports). Les temps passés à échanger et à réfléchir en commun (réunions, meetings, séminaires) se multiplient.

On écrit beaucoup, on doit lire autant ou presque. Pour les collaborateurs de l'entreprise – des dirigeants aux opérateurs –, la masse d'informations à absorber s'amplifie. Les messages s'accumulent ou se réduisent, du fait de l'urgence, à un minimum peu efficace.

Outre les écrits traditionnels – note, lettre, compte rendu, rapport… –, on compte de nouvelles formes, quotidiennes : le courriel, les *newsletters*, les blogs… On constate que les nouveaux supports ne détrônent pas les anciens, mais s'y ajoutent !

La nouvelle valeur économique de l'écrit

Lorsqu'un écrit est mal rédigé, mal compris, il va induire une surproduction inutile d'écrits : des réponses interrogatives ou décalées, des demandes complémentaires… ou aucun effet ! Alors, il faudra produire souvent un nouvel écrit. Que de temps perdu et de dépenses inutiles !

La maîtrise des coûts et des flux d'information

Face à la surcharge de travail qui caractérise les organisations actuelles, il n'est pas question de perdre du temps et de l'argent avec des écrits qui ratent leur cible ou leur objectif.

Un écrit professionnel représente un coût en ressources humaines (emploi, temps de travail) et financières (fournitures, impression, équipement de nouvelles technologies) qui doit être maîtrisé et rentabilisé au regard des résultats attendus.

Un texte mal écrit, mal pensé « coûte » cher à l'entreprise, par les surcroîts de communication à assurer en cas de réception incomprise ou sans effet du message. Non seulement il altère la rentabilité mais il plombe les processus internes (recréer un support, reformuler une rédaction), parfois il compromet la fiabilité (d'un produit) ou, si la mauvaise communication est récurrente, la crédibilité (en termes d'image) de l'entreprise.

Les flux représentent les contacts et les échanges de l'entreprise avec le public, soit physiquement (accueil de la clientèle, des usagers), soit par téléphone, soit encore par l'intermédiaire des supports écrits.

Or, s'il y a des flux positifs pour la vitalité de l'entreprise (affluence de la clientèle, augmentation des ventes, retours positifs à une demande), il y a également des flux négatifs : l'augmentation de contacts pour régler des erreurs, des malentendus, des réclamations. Il est évident que les flux doivent être maîtrisés pour une bonne gestion de l'activité. Et l'écrit joue ici un rôle capital, sous toutes ses formes.

Aujourd'hui, les notions basiques de la communication visent l'efficacité et aussi la maîtrise des coûts et des flux. Il s'agit de considérer un écrit comme un « message » dont la cible et l'objectif doivent être définis le plus clairement possible.

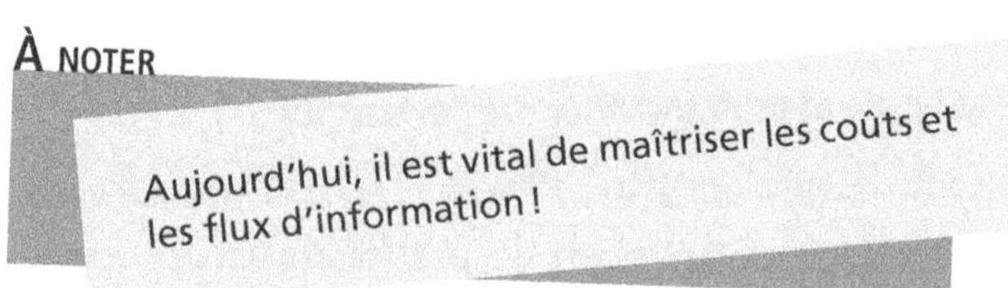

La démarche qualité pour l'écrit professionnel

L'écrit « pro » efficace doit émerger de la masse des autres écrits et atteindre sa cible. Il doit favoriser « la relation avec » (le lecteur destinataire). La relation écrite porte la valeur de tout échange, quel que soit le support. Pour cela, il faut cesser de se centrer sur soi et sa page blanche !

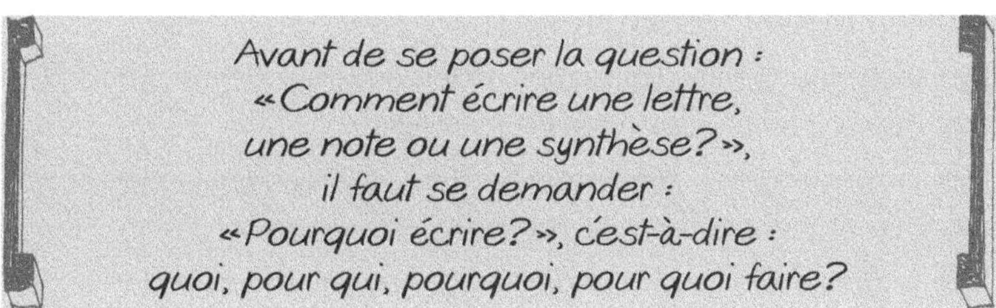

La plus-value, dans une démarche qualité de l'écrit professionnel, est de relier la relation écrite aux notions fondamentales de la communication et à sa finalité : l'action à réaliser, l'activité à soutenir, à développer.

Bien écrire pour un retour sur investissement

Pour viser la qualité, il faut prendre le temps d'investir en amont. Le gain est dans l'aptitude à réagir vite et bien, le retour sur investissement est l'atteinte maximale de l'objectif.

Pour assurer un socle opérationnel à l'écrit, il convient d'accorder les connaissances communicationnelles indispensables et une méthode adaptable à toute situation de travail.

L'investissement dans une démarche qualité de l'écrit sollicite deux volets de compétences.

Avant l'action : un savoir

Des connaissances, une méthode, des outils acquis pour concevoir et analyser un message, et évaluer sa réceptivité.

Une culture de l'écrit applicable dans toute fonction professionnelle.

Une hauteur de vue sur la communication écrite, en lien avec les situations de management et de travail en équipe.

Pendant l'action : un savoir-faire

Des techniques rédactionnelles, des modalités d'application pour une mise en forme optimale du message.

Des consignes, des recommandations, des conseils pour écrire, réécrire, améliorer un écrit professionnel.

Une maîtrise des productions écrites intervenant dans la vie professionnelle.

Concernant l'écrit, on constate :

– un accroissement des supports et une grande variété ;

– une rapidité de la circulation de l'information ;

– une identification plus « floue » des destinataires ;

– une nécessité de maîtriser les flux de communication.

Chapitre II

LE SAVOIR RÉDACTIONNEL… POUR RÉFLÉCHIR

L'écrit et l'action

Travailler, c'est communiquer

Quel travail, même en solo, peut être réalisé sans aucune communication ? Il y a un environnement auquel on s'adresse pour prospecter, vendre, acheter, fournir, se fournir…

Or, le travail devient de plus en plus une affaire de communication. Encore faut-il savoir ce que l'on met dans ce mot et, concrètement, comment « ça » marche. Dans notre univers virtuel, l'écrit fait un pas de géant, et le faux pas est vite arrivé. À éviter !

Écrire en toute situation de travail

Au travail, on passe beaucoup de temps à écrire : courriers, courriels, notes, comptes rendus, rapports, diaporamas… Le « bien écrire » au travail est une compétence professionnelle fondamentale et transversale dans tous les secteurs d'activité. Et tout professionnel, même non rédacteur de métier, est amené à produire un écrit.

Écrire « pro » pour atteindre ses objectifs

Que l'écrit s'adresse à un client, un partenaire, un prestataire, un collègue, une équipe ou une hiérarchie, il doit atteindre son objectif : être lu et compris, faciliter l'action attendue.

Or, si le texte littéraire se prête à la polysémie (variations d'interprétation), l'écrit professionnel exige une réception maîtrisée pour un retour sur investissement.

L'écrit « pro » est un véritable outil de travail qui va influer sur l'activité.

Écrire « pro », c'est agir avec les mots

Le professionnel doit exprimer clairement ses idées et être convaincant. Il doit pouvoir agir rapidement et être en prise avec la réalité.

Il utilisera les mots comme matière de l'action afin d'atteindre ses objectifs. Son activité en dépend, la sienne et celle de son entreprise.

ÉCRIRE POUR ÊTRE COMPRIS…
EST-CE UNE ÉVIDENCE ?

Oui dans l'intention. Non dans la réalité. Pourquoi ? Parce que lorsque l'on écrit, il est naturel de n'être pas tout à fait compris. En effet, le message n'est pas exactement le même à la réception qu'à l'émission. En conséquence, pour réduire le risque d'interprétation ou d'incompréhension et atteindre son but, il est indispensable d'avoir les clés du « bien écrire ».

La relation écrite : enjeux, risques, atouts

L'écrit est tout entier dans ses mots… et rien d'autre ! Il n'y a pas, comme pour un message oral, les éléments qui relèvent du langage non verbal : intonation, gestes, regards, mimiques. Il n'y a pas, non plus, l'évidence d'un contexte, sauf par connivence entre l'émetteur et le récepteur.

Les spécificités de l'écrit

L'écrit présente des caractéristiques absolument permanentes qui, bien qu'évidentes, ne viennent pas à l'esprit lorsqu'on écrit !

L'écrit est visuel

Tout message écrit est exclusivement visuel. Traduit en signes inscrits sur un support (papier ou écran), il sera lu et interprété. Son caractère visuel (même s'il ne s'agit que de texte) imprime fortement (en positif ou en négatif) la sensibilité et la mémoire du lecteur.

L'écrit est un message différé

Il y a un décalage dans le temps entre l'envoi et la réception. Même dans le cas d'un courriel, rien ne garantit le moment où le récepteur ouvrira le message. Pour un support papier, l'écart est encore plus aléatoire.

Le rédacteur doit prendre en compte son destinataire « absent » au moment de la rédaction et de l'envoi.

L'écrit a une durée de vie

Sa trace a une certaine durée : temps de circulation, archivage. Même en diffusion dématérialisée, il constitue une référence à laquelle on se rapporte comme preuve, appui, vérification.

Pour le rédacteur, c'est une raison de plus pour accorder une grande importance à la fabrication de son message.

Les enjeux de l'écrit

Au regard de ses spécificités, l'écrit demeure une inscription qui fait « acte ». Il concentre dans sa formulation tout le sens de la relation entre les deux pôles actifs de l'échange professionnel.

Sur papier ou en diffusion dématérialisée, il conserve sa valeur symbolique et culturelle dans les relations sociales et économiques.

Il sert de vecteur à une intention, d'ancrage à une action. Il joue un rôle central dans l'activité et, de ce fait, porte les enjeux de l'entreprise.

Les risques de l'écrit

Un message mal reçu est un message non reçu. Le risque, pour l'écrit professionnel, c'est de ne pas être compris ou d'être mal compris. Le résultat est pire que s'il n'était pas parvenu à son destinataire ! Car l'incompréhension ou la mauvaise interprétation auront un impact sur la relation entre l'émetteur et le destinataire et, aussi, sur l'action concernée.

Ce risque provient, le plus souvent, d'une insuffisance d'attention portée à l'écrit, soit parce que sa rédaction est commandée par l'urgence, soit parce que les compétences pour le réaliser sont sous-estimées.

Les effets négatifs peuvent être :

* une image négative du rédacteur ou de l'entreprise, sachant que le rédacteur ou le signataire du message représente l'entreprise ;

* une réaction inverse à celle attendue : la demande n'est pas ou peu prise en compte, le client hésite ou n'achète pas, la réponse tarde à venir… ;

* une action autre que celle attendue : le message provoque un malentendu, une réaction non souhaitée, peut-être difficile à rattraper…

Au regard de ces aléas, qui vont freiner ou affecter l'atteinte des objectifs, il convient d'accorder toute l'attention requise à l'écriture d'un message.

Les atouts de l'écrit

Un message bien écrit est un message bien reçu. À l'écrit, on a l'avantage du temps de réflexion, d'élaboration. Bien réfléchi et formulé, en bonne adéquation avec la situation et les besoins des destinataires, le message a toutes les chances d'atteindre son objectif, d'avoir une durée de vie qui prolonge son efficacité.

Il construit une relation de confiance entre l'entreprise et ses publics.

Il devient un principe actif qui va perdurer au-delà de son objectif immédiat et contribuer à la bonne circulation de la communication interne et externe de l'entreprise.

Une communication écrite réussie, c'est :

– une adéquation pertinente entre le message et le support ;

– une relation réciproquement fiable entre l'émetteur et le destinataire.

Si le message doit être écrit dans l'urgence, il est donc primordial d'acquérir une méthode afin d'être opérationnel dès qu'on saisit sa plume ou sa souris !

À NOTER

Savoir et savoir-faire : prendre le temps de les acquérir pour gagner du temps au moment d'écrire... et pour un meilleur résultat au final !

Les atouts pour réussir un écrit « pro »

Une maîtrise des notions de la communication, indispensables à tout message.

Une méthode de travail efficace, étape par étape, facile à appliquer.

Une boîte à outils qui rassemble les règles essentielles, les astuces qui font les « plus » de l'écrit au travail.

Le mode d'emploi des supports.

Les grands axes de la relation écrite professionnelle

Chaque fois que nous rédigeons, prenons conscience que le message est un véhicule qui va partir sur une route et que cette route fait partie d'une vaste carte routière de la relation écrite. Le message va en doubler, en croiser un autre, compléter un convoi exceptionnel ou se heurter à d'autres, contradictoires.

Il faut garder à l'esprit le contexte des messages parallèles, divergents, antérieurs ou en référence.

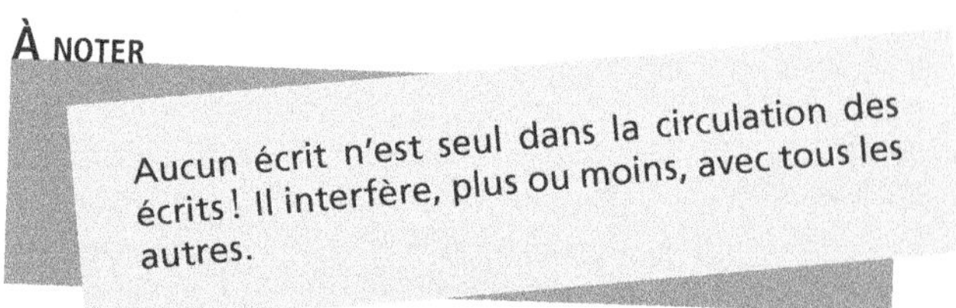

Les routes vers l'extérieur

L'écrit « pro », en première mission, s'adresse à l'univers extérieur à l'entreprise. Dans cet espace, les destinataires sont variés et ils diffèrent quant à la relation qui les lie à l'entreprise émettrice.

Les destinations vers l'extérieur concernent :

* les clients : les consommateurs, les abonnés, les prescripteurs, les acheteurs intermédiaires (diffusion, distribution)… des produits réalisés par l'entreprise ;

* les usagers : les utilisateurs des services produits par l'entreprise ;

* les partenaires et les divers interlocuteurs liés à l'activité : les institutions, les entreprises concurrentes ou collaboratrices, les prestataires et les fournisseurs, les services de l'État, les structures administratives…

La relation commerciale et économique constitue le cœur de la relation externe de l'entreprise, par l'échange matériel (produits, valeurs, services) et symbolique (informations). La dématérialisation a multiplié les messages et a développé la communication, tant vers des créneaux du marché que vers le plus large public. Au-delà de sa production, l'entreprise éprouve le besoin de se donner une identité, de se construire une image, dans un environnement concurrentiel élargi et plus risqué sur le plan économique.

À NOTER

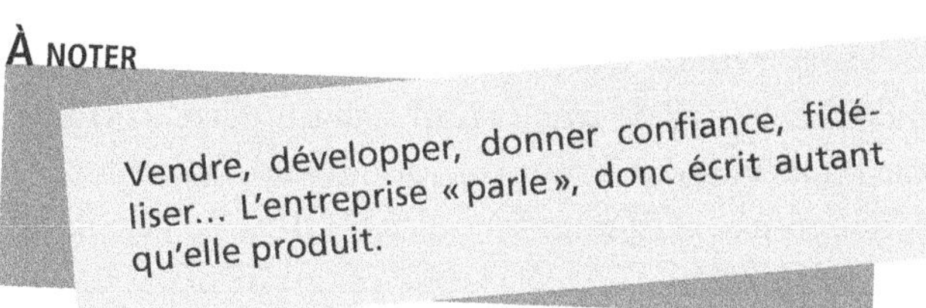

Dans le service public, l'écrit formalise et légitime les relations avec les usagers ou les bénéficiaires. L'information (« faire savoir ») domine, mais la communication (« faire avec »), supposant la participation active de l'usager, est une approche désormais reconnue. La relation écrite demeure privilégiée, même à travers les nouveaux supports technologiques (sms, courriels…). À l'heure actuelle, la maîtrise des flux est un enjeu pour la gestion de la relation administrative.

À NOTER

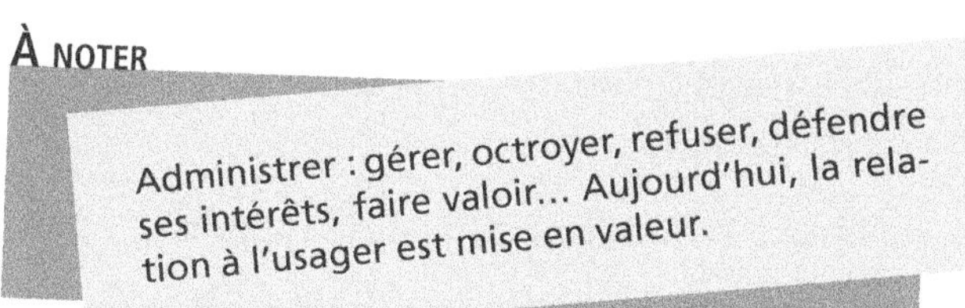

Les véhicules vers l'externe sont :

- la lettre, la plaquette de présentation, le prospectus, le catalogue, le dépliant, le communiqué de presse… ;
- le courriel, la *newsletter*…

Les voies internes

En interne, l'écrit est le vecteur dominant dans les relations de travail. Que la communication soit d'équipe, managériale, transversale, interservices, les écrits relaient les multiples échanges oraux et officialisent les décisions. Ils laissent une trace durable dans les processus et dans les comportements.

Les écrits dédiés à l'interne souffrent parfois de négligence quant à leur lisibilité ou leur compréhension, en raison d'un supposé savoir ou d'une tendance à communiquer « entre soi », voire d'une relative familiarité. C'est une erreur car un écrit trop hâtif risque d'être aussi hâtivement compris, donc mal interprété, voire de rester « lettre morte ». Et encore, quand il n'est pas exploité comme élément contradictoire… Si ce risque paraît minime, il n'en est pas moins latent. L'écrit interne mérite autant de soin que l'externe !

Les circuits internes s'effectuent :

* entre collègues pour partager l'information et travailler ensemble ;

* du responsable vers ses collaborateurs pour informer, donner des consignes, décider ;

* des collaborateurs vers les responsables ou les directeurs pour informer, proposer, traiter une situation, une problématique ;

* vers l'ensemble des acteurs pour gérer les processus, assurer la cohésion de l'entreprise ou de l'organisme sur des actions.

Les véhicules de l'écrit interne sont :

* la note, le compte rendu, la synthèse, le rapport ;

* et le courriel, devenu le média privilégié de la communication interne.

L'e-mail ou courriel demande comme tout écrit un minimum d'attention quand il n'est pas un message perso pour aller déjeuner !

Les carrefours de circulation

Dans une même entreprise, dans une même structure, différents registres se côtoient, se croisent sur un même sujet, s'entrecroisent parfois vers les mêmes destinataires ou encore transitent par le même émetteur.

Exemples de croisements et d'interactions :

* recevoir un écrit de son hiérarchique et lui en adresser un ;
* formuler un message publicitaire avec ou sans une agence prestataire ;
* recevoir ou envoyer un message d'ordre administratif (interne ou externe, pour des formalités) ;
* articuler l'information externe (clientèle) et interne (production) ;
* écrire une lettre à un client, recevoir un courrier en tant que client d'un prestataire ;
* devoir faire référence à une information parue dans les médias (sur l'activité de l'entreprise ou son créneau économique) ou réagir à un article de presse…

N'importe quel émetteur se confronte à divers types d'écrits qui interfèrent dans son travail : notes internes (managériales, administratives ou collaboratives), correspondances avec l'externe (clients, usagers, prestataires), communication d'entreprise et tous documents relevant du domaine d'activité.

De plus, n'importe quel écrit s'inscrit dans le contexte d'autres écrits produits par l'entreprise ou par son environnement : les messages antérieurement diffusés, les documents auxquels on se réfère, les supports à réaliser et qui nécessitent, dans leur préparation, des étapes écrites intermédiaires…

Le contexte (« con-texte », avec le texte) et l'intertextualité (« inter-textualité », interactivité entre les textes) sont les multiples fils du tissu de la communication. Un message est un motif dans ce tissu.

Lorsque l'on écrit, il ne s'agit pas de se prendre la tête pour embrasser la totalité de tous les écrits alentour, passés et présents, mais d'avoir conscience que le texte s'inscrit, en termes d'information, dans un paysage de messages à durée variable et dont les sens interagissent.

Itinéraires des écrits professionnels

Interne ↑↓ Management Équipes Interservices	→ ←	**Intermédiaires** Prestataires Partenaires
	→ ←	**Externe** Clients Usagers Public

Les différents types d'écrits professionnels

Il existe plusieurs types d'écrits professionnels, tous en dehors du champ de l'expression personnelle ou littéraire. C'est-à-dire qu'ils répondent tous à une nécessité économique, qu'ils représentent une entité (entreprise, organisme) et qu'ils sont spécifiques d'une activité.

Des écrits « métiers »

Ici sont présentés les principaux types d'écrits, sachant que chacun relève d'un domaine d'activité et de compétences spécifique, donc d'un métier.

Toutefois, n'importe quel professionnel dans n'importe quelle entreprise, surtout les PME et les PMI, peut être amené à rédiger un écrit qui ne relève pas de son métier.

Dans les plus grandes structures, tout professionnel doit pouvoir dialoguer avec ses collègues de « métier » (attaché de presse, commercial) et comprendre les nécessités, les contraintes, les enjeux d'un document à produire dans l'incontournable échange inter-services.

Une entreprise, plusieurs types d'écrits

Même si ces écrits se distinguent totalement les uns des autres, chaque entreprise doit communiquer à travers au moins deux ou trois d'entre eux.

A minima, l'entreprise écrit des lettres, des courriels, des comptes rendus, des notes. Elle doit, régulièrement, assurer ses relations administratives internes et externes. Elle peut éventuellement écrire des communiqués de presse.

Des qualités à optimiser

Il est utile d'examiner les caractéristiques de chaque type d'écrit professionnel car le savoir-faire attaché à l'un peut servir à améliorer un autre.

EXEMPLE

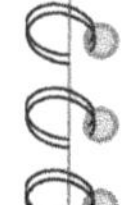

Certains principes de l'écrit publicitaire sont proches de l'écrit commercial et sont aptes à optimiser l'écrit interne (« vendre un objectif en interne ! ») ; l'écrit journalistique inspire l'écrit Web…

À NOTER

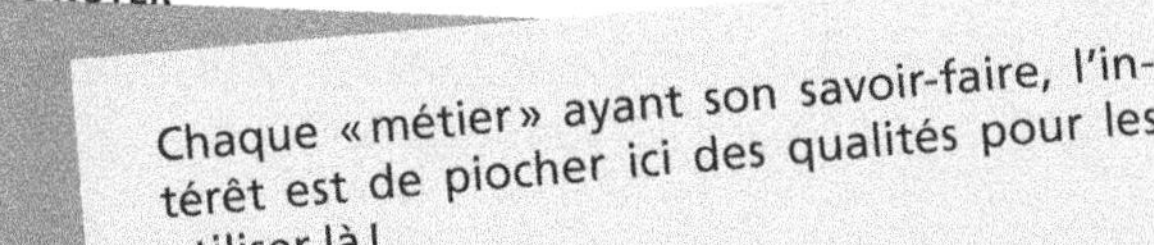

Chaque « métier » ayant son savoir-faire, l'intérêt est de piocher ici des qualités pour les utiliser là !

On trouvera, à la suite de chaque présentation d'écrit, la mention : «Les bonnes pioches». À chacun de prendre ce qui l'intéresse pour enrichir sa technique.

L'écrit commercial

L'écrit commercial recouvre un large champ d'activité, selon les situations de communication entre vendeur et acheteur. Il est intéressant de traiter à part (bien qu'il soit de la même famille) l'écrit publicitaire pour son traitement particulier et son contexte de diffusion.

Les supports commerciaux sont très variés : fiche produit, dépliant, catalogue, carte postale promotionnelle, *newsletter*, lettre de vente par correspondance, argumentaire de vente… Tous sont rédigés dans une démarche marketing, c'est-à-dire selon des hypothèses de réaction du destinataire.

La plume du métier

L'écrit commercial cherche à mettre en valeur les qualités d'un produit ou d'un service, à destination d'une clientèle ciblée, plus ou moins acquise ou potentielle. Son traitement est tout aussi variable. Il va :

- du prospectus (*flyer*) ou de l'invitation, simples et réduits aux informations essentielles, assimilés ou proches de l'écrit publicitaire ;
- à la brochure de prospection commerciale qui développe les caractéristiques du produit ou du service.

Les supports plus développés donnent un espace important à la description (fiche produit, catalogue) ou se centrent sur l'argumentation (VPC – vente par correspondance).

Les « bonnes pioches »

L'écrit commercial se met « à la place » du destinataire : que veut-il ou que peut-il avoir envie de vouloir ? De quoi a-t-il besoin pour utiliser le produit ? Il suppose donc un minimum de recherche sur la cible (profil, envies, problématiques). Cette connaissance de la cible (ou panel) est primordiale. Sans aller jusqu'à l'étude marketing, tout écrit doit correspondre à une réalité, vérifiable, du destinataire. Tout écrit « pro » aussi !

Savoir décrire, savoir convaincre sont les deux qualités de l'écrit commercial. On peut, en position de lecteur, examiner un support commercial et repérer ce qui a paru convaincant ou accessible, pour en extraire un modèle : introduction, organisation de l'argument, langage accessible. À l'inverse, ce qui inspire le doute ou le rejet mérite d'être observé pour ne pas faire de même !

L'écrit publicitaire

L'entreprise utilise la publicité (au sens de « rendre public ») pour faire connaître ses produits et faire reconnaître leur qualité ou leur originalité, pour convaincre le client potentiel de devenir un client effectif, pour valoriser son « image » auprès du public, pour s'inscrire comme référence dans le paysage de la consommation.

Or, si l'entreprise a la nécessité vitale de vendre (un produit, un service), elle doit aussi mesurer l'écart entre son intention et le besoin de la cible, trouver le point de rencontre entre les deux. Même si l'on considère que le besoin du consommateur est créé par le produit, ce produit ne peut pas se vendre s'il ne répond à aucun besoin. C'est pourquoi les agences publicitaires sont à l'affût des « tendances ».

Il existe une grande variété de supports publicitaires : prospectus (*flyer*), dépliant, carte postale, annonces (presse, télévision,

Internet), spot télévision ou radio. Ils sont conçus pour capter l'attention, avec des visuels (dessins, photos), la voix ou le son, selon des scénarios élaborés à partir d'une connaissance marketing du lecteur, du spectateur, de l'auditeur.

L'écrit publicitaire consiste à fabriquer un message percutant et accrocheur, éphémère dans son annonce mais durable dans ses effets.

La plume du métier

S'il n'y a pas de « modèle », quelques règles s'imposent : le choix des mots est crucial car il s'agit d'accrocher l'attention d'une cible qui n'est pas acquise d'emblée. Au nom de cette nécessité, on observe des dérives de langage, jusqu'à malmener la langue française.

Le principe est d'être proche de l'oralité : le message publicitaire actuel est dans la continuité de la « réclame » (réclamer l'attention ou « ré-clamer », clamer plusieurs fois). Il vise à « frapper » et à être mémorisé, dans la finalité de déclencher une réaction d'achat (ou d'adhésion).

Le choix des mots et l'impact du visuel seront donc aptes à retenir l'attention, à dégager la plus grande force de conviction.

Un message publicitaire ne s'invente pas sur un coin de table. Il est le résultat d'un *« briefing »* dans une équipe, parfois avec le concours d'une agence. Il fait l'objet de multiples essais de formulation, il est testé avant diffusion ou publication. L'évaluation est la possibilité, à partir d'éléments concrets, d'anticiper la réaction du consommateur ou de l'usager.

Le « copywriting »

Le *« copywriting »* désigne en anglais la rédaction publicitaire ou, plus largement, le texte destiné à un support. Le domaine de la publicité emploie un large vocabulaire anglophone, sous l'influence des grandes agences et de l'anglo-américain.

Les « bonnes pioches »

La réflexion pour cerner les « tendances », c'est-à-dire les besoins et les souhaits actuels, explicites ou latents, du consommateur ou de l'usager, peut inspirer une démarche pour mieux connaître le cadre de référence de la cible, destinataire du message.

Le message soumis à test avant diffusion aura de plus grandes chances d'atteindre son objectif : il suffit de tester un texte auprès de personnes d'un profil proche du destinataire ou, mieux, auprès d'un échantillon de la cible.

L'écrit administratif

Personne n'apprécie, *a priori*, de lire un écrit administratif ! Pourtant, il conditionne toutes les relations économiques et sociales.

Qu'il s'agisse d'une inscription, d'une demande de subvention ou de prestations sociales, d'un courrier de gestion administrative, d'une réclamation, l'écrit administratif régit la vie quotidienne individuelle et des organisations.

La plume du métier

Les rédacteurs attachés aux services administratifs doivent avoir un savoir-faire exigeant et technique, et suivre des règles strictes pour l'exactitude des informations, la précision des explications.

Sans entrer dans le détail de cette « spécialité », qui requiert une formation, une entreprise peut avoir à écrire un document de ce type pour sa clientèle, ses partenaires, ses prestataires : un courrier concernant une démarche relevant du droit, des formalités à remplir, une demande d'autorisation…

Dans tous les cas, certains points de veille sont à suivre pour le rédacteur, au-delà des aspects techniques et réglementaires : l'accessibilité du message pour le destinataire, la courtoisie de la formulation, la facilitation pour obtenir la réponse nécessaire.

Aujourd'hui, les entreprises du service public s'efforcent de simplifier leur langage afin d'améliorer leur communication avec les usagers.

La simplification du langage administratif

Même dans le cas d'une « cible captive » (qui n'a pas le choix d'un autre prestataire, comme certains services publics ou de l'État), la nécessité d'améliorer l'écrit s'est imposée ces dernières années.

Le Cosla (Conseil pour la simplification du langage administratif), succédant en 2007 au Comité d'orientation pour la simplification du langage administratif créé en 2001 à l'initiative du ministère de l'Économie, des Finances et de l'Industrie, a œuvré pour la simplification des écrits administratifs.

Les « bonnes pioches »

Simplifier le langage est une démarche de communication volontariste qui se traduit, en premier lieu, dans les écrits. Un effort qui sera payé de retour, notamment par une maîtrise des flux.

En effet, les entreprises du secteur privé, lorsqu'elles s'adressent à des partenaires, des pairs, des collaborateurs internes ou externes, ont parfois tendance à utiliser un vocabulaire, des raccourcis et des expressions qui – surprise ! – ne sont pas forcément ou pas assez connus de l'interlocuteur. Donc, simplifions le langage, même lorsqu'on le croit territoire commun, évitons les évidences qui n'en sont pas, les références implicites qui ne sont pas toujours partagées.

Pour que l'objet de la demande, de la démarche, soit compris immédiatement par le destinataire, il est utile de mentionner clairement les sources ou la documentation qui y font référence.

L'écrit journalistique

Le journaliste rédige totalement en fonction de son lecteur. Il suit la ligne éditoriale du journal qui est conçu et commercialisé selon un point de vue (politique, social...) et pour un lectorat ciblé.

L'écrit journalistique bénéficie, depuis l'essor de l'imprimerie et des grands organes de presse, d'une technique rodée et totalement adaptée aux caractéristiques de diffusion des médias, qu'il s'agisse de la presse écrite ou télévisuelle.

Être journaliste est un métier fondé sur l'écriture, incluant tous les paramètres qui vont la nourrir : recherche d'information, technique rédactionnelle spécifique, modalités de lecture, fidélisation du lecteur.

L'écriture journalistique a inspiré le modèle de l'écriture Web. Sa technicité éprouvée sert souvent de référence, parfois excessivement généralisée, toute situation n'étant pas celle d'une salle de rédaction. Car un écrit professionnel se détermine, avant tout, selon son mode de lecture.

La plume du métier

La lisibilité est une contrainte forte car la lecture d'un journal est rapide, à entrées multiples. Un grand titre, un encadré, une photo...

vont amener le lecteur à lire le début de l'article et, si cela l'intéresse davantage, la suite… peut-être jusqu'à la fin. La « une » (première page) peut inciter un passant à acheter le journal en kiosque. D'où son importance et la mise en relief des informations majeures.

La structure d'un article suit le principe de la « pyramide inversée » : on part de l'information globale, ensuite on explicite et on commente. En quelque sorte, la conclusion du propos se situe en début de texte, d'où l'inversion.

La pyramide inversée

Essentiel	TITRE	Neuf, important, proche
⇩	Chapô	⇩
Détail	Texte	Général, explication, détails

La structure type de l'écrit journalistique est :

- le titre ou « accroche » : informatif (il comprend l'essentiel de l'information) ou incitatif (« titre formule » pour surprendre, intriguer le lecteur) ;

- les intertitres : répartis à intervalles réguliers pour le repérage et la facilité de lecture ;

- le « chapô » ou « chapeau » : court texte de présentation, informatif ou incitatif, sous le titre, à lire pour une économie de temps ou pour faire son choix de lecture dans le journal ;

- l'« attaque » : le premier paragraphe où se situe de préférence le message essentiel ;

- la « chute » : la conclusion qui permet d'élargir le propos (sans tirer à la ligne !), de soulever une question ou une hypothèse.

Les « bonnes pioches »

Pour accrocher l'attention du lecteur sans l'obliger à lire jusqu'à la fin pour voir où l'on veut en venir, la pyramide inversée peut être utilisée, par exemple, dans une note ou une plaquette argumentaire.

Pour un texte complexe, la titraille (titre et intertitres) est une technique profitable qui facilitera le repérage et l'accessibilité.

Pour optimiser une communication, les notions d'accroche, d'attaque et de chute sont un atout intéressant. On n'utilisera pas forcément le titre incitatif, mais on trouvera dans la presse de bons modèles de titres informatifs.

L'écrit « Web »

L'écrit professionnel prend la vague de l'Internet vers des espaces complexes à maîtriser, même avec la meilleure stratégie de marketing. Un message chasse l'autre, et la concurrence est redoutable. L'internaute navigue avec rapidité d'un texte à l'autre. Par conséquent, la captation de son attention est aléatoire.

Pour une lecture en *zapping*, l'écrit Web condense le message pour le rendre percutant, efficace, sans un mot de trop.

Pour assurer la lecture, le message doit répondre le plus précisément possible aux besoins de la cible, ce qui suppose de connaître ses centres d'intérêt, ses comportements, son cadre de référence. L'internaute aime se sentir actif : on peut difficilement le contraindre à une lecture passive comme sur le papier.

Paradoxalement, l'écrit Web cible d'autant plus son message que la zone des récepteurs est difficilement saisissable. Le comptage des « clics » ne garantit pas une mesure exacte de la réception. Le résultat peut être chiffrable : nombre de réponses, nombre de commandes… mais, pour un message d'information, la mesure est moins vérifiable.

Les liens hypertextes sont la spécificité du Web. Le lecteur clique sur un mot, une image, un logo… et un lien ouvre une fenêtre : une nouvelle page, un nouveau texte, une nouvelle image.

L'usage de l'hypertexte favorise un parcours de lecture libre pour l'internaute et, par conséquent, une forme d'écriture qui, en amont, doit construire le texte de façon claire et structurée.

Les liens constituent une sorte de sommaire, mais qui peut devenir très vite un brouillage et conduire vers d'autres informations, et donc égarer le lecteur.

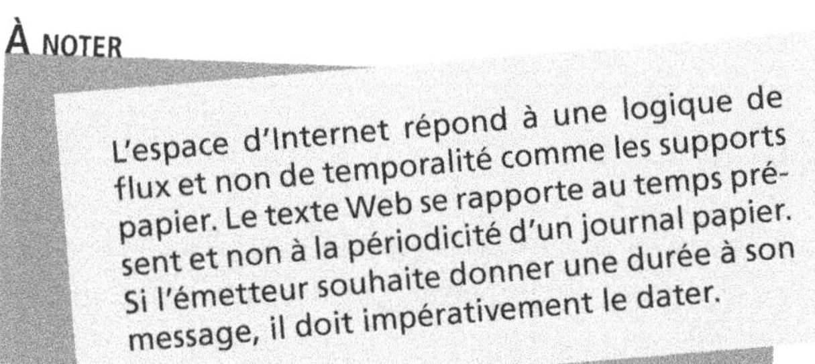

La plume du métier

L'écriture « Web » est une émanation de la rédaction commerciale (ciblage) et de la technique journalistique (accroche, lecture par bonds), avec une dimension supplémentaire : l'adaptation à la lecture sur écran.

Le texte doit être clair, concis, apte à être approprié rapidement par la cible. La règle est d'écrire « simple », avec un vocabulaire qui peut être compris immédiatement et des phrases courtes et non complexes (il faut le moins possible de propositions subordonnées).

On évite la multiplication des liens et on les constitue de façon stratégique dans le sens de l'objectif visé. De façon générale, la technique rédactionnelle fait largement appel à l'écriture journa-

listique qui, par sa spécificité, répond à une lecture « par bonds ».
Il y a de nombreux principes à reprendre : chapô, titrage, structure en entonnoir (ou pyramide inversée)…

Les règles de l'écriture Web

- Introduction brève, avec des mots choisis pour capter l'intérêt du lecteur. Si besoin, un lien renvoie à un texte plus développé.

- Découpage rigoureux du texte selon un calibrage précis.

- Plan du texte qui rend l'ensemble visible et clair dans ses différentes parties (on ne peut savoir par quelle partie va commencer le lecteur).

- Dans une partie, pas de référence à une autre partie, afin de ne pas obliger le lecteur à revenir en arrière, ce qu'il ne fera sans doute pas de toute façon.

- Renvoi (lien hypertexte) vers une autre zone d'information.

- Phrases ou mots « charnières » : mots de liaison, phrases de transition…

Les « bonnes pioches »

La manière de capter l'intérêt du lecteur (« accroche » du lecteur) se base sur une connaissance de la cible, de ses centres d'intérêt, de ses modes de lecture, de consultation.

L'organisation du texte permet au lecteur de trouver ce qui l'intéresse et ce que l'émetteur souhaite lui faire savoir.

La précision est de mise : les mots « demain, hier, bientôt… » sont évités ; on indique la date, l'échéance.

L'écrit managérial

Dans le flux permanent d'information, l'écrit managérial est le vecteur du sens donné à l'action. Il porte les décisions, les objectifs de travail à atteindre, les résultats attendus, les conseils et les consignes à l'équipe, il assure l'interface entre différentes directions. Il est central dans la communication interne et, de ce fait, conditionne les échanges avec l'extérieur.

Le management n'est pas un « métier » à proprement parler mais une « fonction ». Toutefois, cette fonction appelle des compétences spécifiques.

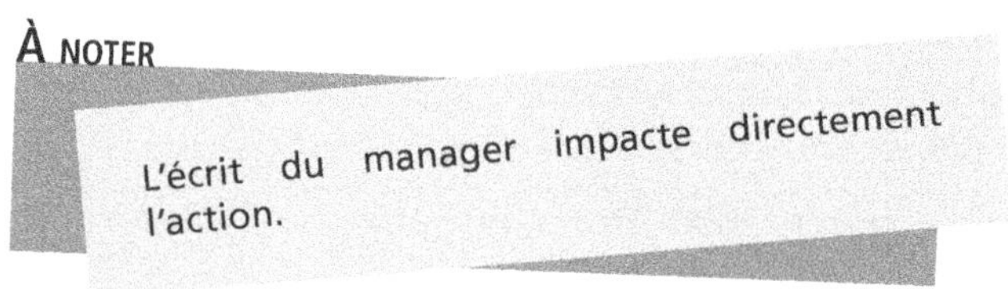

La plume du métier

Manager, c'est communiquer. Le manager, comme tout rédacteur, devra définir sa cible, son objectif, le contexte, et choisir les mots positifs de l'action.

L'écrit managérial formalise les fonctions du manager :

- expliciter une décision de la direction de l'entreprise ;
- compléter ou confirmer l'information utile à la production ;
- répondre aux situations et aux problématiques soulevées en laissant une trace, en dégageant les lignes de résolution ;
- orienter le travail des équipes en donnant un fil rouge, une feuille de route ;
- fournir une référence durable dans les processus ;
- reformuler une demande pour aménager une réponse adéquate ;

- formuler le thème d'une réunion avec un diaporama, un dossier préparatoire ;
- faire du « *reporting* » (transmission d'informations) pour faciliter la collaboration, assurer l'interface entre les services et une visibilité sur les activités.

LES ATOUTS DE L'ÉCRIT DU MANAGER

– Un vocabulaire simple, précis, usuel, concret.
– Des phrases courtes, sans expressions inutiles, sans pléonasmes, sans jargon, sans euphémismes.
– Un texte structuré, facile d'accès, logique et pédagogique.

Les « bonnes pioches »

Pour améliorer l'opérationnalité de son message, le manager appliquera les règles de l'écrit professionnel, en renforçant certains points de communication. Il devra notamment :

- réfléchir à l'objet et à la cible de son message ;
- organiser son message en sachant « où il veut en venir » ;
- écrire (presque) comme il parle pour être accessible ;
- être concret, concis pour que le sens soit aussitôt saisi ;
- être clair et positif pour éviter tout frein ou malentendu ;
- réfléchir à ce qu'il a écrit (ou fait écrire) pour évaluer le retour attendu.

Le sens de l'écrit professionnel

Tout acte de communication a trois « sens » : sa signification (ce que le message veut dire), le sens donné à l'action (le motif du message), l'orientation de l'action (l'objectif du message). Le message se dessine donc selon un relief en « 3D », trois facteurs qui vont moduler sa forme, son mouvement, sa destination. Il constitue une sorte de prisme dont les composants se réfléchissent et irradient vers un espace de diffusion.

Les trois sens d'un message

Quelques notions linguistiques permettent d'appréhender le poids et l'impact d'un message.

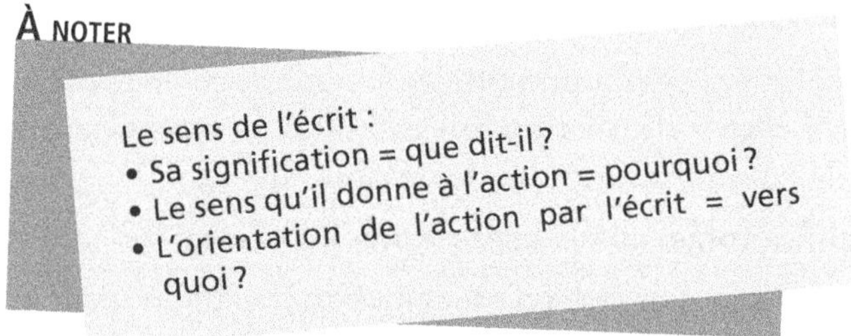

Le signe linguistique

Entre le mot et la chose qu'il désigne, il y a un lien, dit « arbitraire » car déterminé par la langue employée. Le signe linguistique est ce rapport entre le signifié (le concept, la chose) et le signifiant (le mot, l'image acoustique).

La variabilité des locuteurs – les langages – induit une variabilité de ce rapport entre le signifié et le signifiant.

Le sens de « quelque chose » : quoi ?

C'est évident, le message a une signification, contenue en totalité par les mots qui le composent et par la façon dont les mots sont organisés.

Mais, on l'oublie parfois, le message peut porter à interprétation, selon les variables des locuteurs et le contexte de communication. Ensemble de signes, il constitue un « signe » dans l'ensemble des autres écrits.

Lorsque le rédacteur vient à écrire, il se demande naturellement : « Quoi ? », c'est-à-dire : que faut-il dire, signifier ? Il pose la question du contenu du message, de la signification qu'il doit porter.

Le sens comme « motif » : pourquoi ?

L'écrit est un canal vital de l'activité. S'il y a un message à faire passer, c'est qu'une situation l'a provoqué et l'a rendu nécessaire. L'écrit à venir se situe :

* dans un contexte général d'action : situation immédiate, action à lancer ou à poursuivre ;
* dans l'ensemble des autres écrits sur le même sujet.

Lorsqu'un rédacteur doit réaliser un support, il faut qu'il se pose la question « pourquoi ? » ou « à cause de quoi ? ». C'est-à-dire : pour quel motif, en raison de quelle situation, au regard de quel contexte ? Le motif du message vient sous la forme : « Parce que… » Ainsi, l'écrit constitue lui-même une réponse à une nécessité : « Parce que…, il faut donc écrire… »

Le sens comme « orientation » : vers quoi, pour quoi ?

Les deux critères précédents, fondateurs de la communication, ne sont pas suffisants. Si le rédacteur sait « quoi » et « pourquoi » écrire, encore faut-il qu'il se demande (qu'on lui indique) : « Pour… quoi ? », c'est-à-dire : dans quel but, pour en venir à quoi, pour obtenir quoi ?

Si le message est lancé sans itinéraire sur la carte routière des grands flux de communication, il risque de s'embourber, de se bloquer au premier carrefour, de se « planter » au premier obstacle.

Les « 3D » du message

Même lorsque le rédacteur est seul devant sa page ou son écran, l'écrit qu'il élabore relève de trois instances qu'il peut concentrer lui-même mais, le plus souvent, qui sont du ressort d'autres responsabilités.

Le sens « signification » (ce que le message « dit ») relève de la responsabilité du rédacteur pour l'exactitude des mots choisis, afin que le message soit clairement compris.

Le sens « motif » (pourquoi il le « dit ») émane d'un besoin de l'entreprise de faire savoir ou de demander quelque chose à une cible, donc relève d'un responsable de service, si nécessaire en concertation avec d'autres services.

Le sens « orientation » (pour quoi, vers quoi…) relève du sens global, stratégique, managérial donné par l'entreprise à son action pour atteindre un objectif, dans lequel s'inscrit le message à écrire.

Ainsi le rédacteur doit-il s'assurer d'avoir en main les « 3D » du message à écrire afin d'être pertinent et efficace. Pour être « dans le bon sens » !

Le rédacteur s'oriente
avec les notions de « com »

La boussole de l'écrit « pro »

Les basiques de la communication

Informer, communiquer... quelle différence ?

Informer, c'est faire savoir quelque chose, un point c'est tout.

Communiquer, c'est mettre en commun l'information afin de produire un dialogue, un aller et retour entre l'émetteur et le récepteur.

Mais, dans les deux cas, un résultat est attendu ! Car informer, c'est déjà le partage d'une information : faire connaître, faire appliquer, désigner, interdire, autoriser... La différence, c'est que la communication appelle une « réponse » (réaction).

Transmettre ou partager ?

L'information, c'est la transmission unilatérale de données entre un émetteur et son destinataire.

La communication, c'est l'ensemble des processus permettant aux personnes de partager du sens, de coproduire une action par réponse ou réaction.

Le « commun-écrire »

C'est le point de rencontre entre l'intention et l'objectif afin de favoriser un résultat positif par le partage d'une information. C'est-à-dire ? Le sentiment partagé de compréhension, socle qui va permettre l'échange professionnel.

Pour que la transmission d'information soit commune, il faut :

- comprendre les attentes de l'interlocuteur ou du groupe (équipe, clients) ;
- ou anticiper ou devancer l'attente ;
- ensuite, y répondre par l'instauration d'un échange direct ou indirect.

Pour que la relation soit efficace, elle doit être structurée et formalisée dans un support adapté, pour un impact déterminé.

Le dispositif de toute communication

Tout acte de communication comprend un émetteur (destinateur), un récepteur (destinataire), un message qui relie l'un et l'autre selon un code qui permet sa transmission et sa réception. L'ensemble se produit dans un contexte particulier qui donne sens au message.

Pour qu'un acte de communication puisse réussir, il faut, au moins, parler la même langue ! Cette évidence, encore une fois, n'en est pas une. Utiliser la même langue, c'est utiliser le même code. Donc, on privilégie ce qui relève du patrimoine commun ou assuré comme acquis par le destinataire (la langue dite « normative »). De plus, on évite les anglicismes à outrance ou les formulations trop spécialisées ou encore, à l'inverse, trop familières (tout le monde n'a pas le même usage courant).

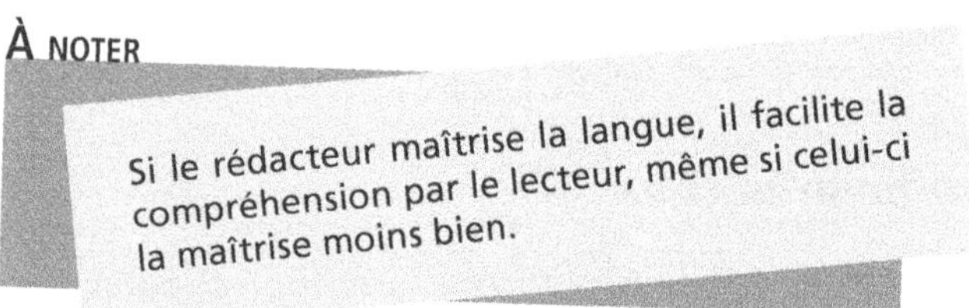

Outre la langue comme code collectif et partagé, il y a aussi les langages : d'entreprise, individuel, sans parler des effets de mode et d'expert ! Et sans faire le tour des langages…

Pour se faire bien comprendre, il faut :

1. Maîtriser la langue en tant que code commun ;

2. Veiller aux langages pour se mettre sur le même canal de réception.

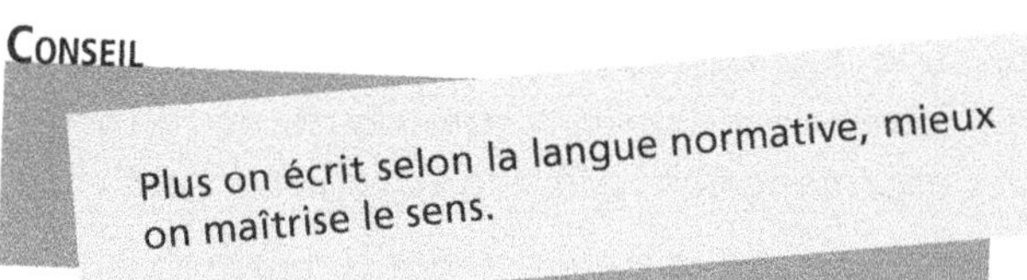

La tendance de certaines entreprises à imposer l'anglais dans les situations qui n'obligent pas au bilinguisme aboutit à un usage approximatif de la langue d'échange, à une moindre maîtrise de la langue française et, ainsi, à des approximations de formulation, donc des réactions incertaines… Où est l'efficacité ?

Langue et langage : quelle différence?

La langue est un bien collectif, partagé par une communauté de personnes. Elle est souvent identifiée à un pays. Elle est normative, avec des règles de graphie et de fonctionnement. Elle est aussi un organisme vivant, qui évolue dans le temps, intègre des apports extérieurs, abandonne certains mots et en invente d'autres pour s'adapter à l'environnement. Toutefois, la norme stabilise la langue pour une période durable, dans un souci de consensus social et de patrimoine culturel.

Le langage est l'appropriation individuelle de la langue. C'est la production active, personnelle, parfois unique (en création littéraire, par exemple). Le langage est aussi l'expression d'un domaine d'activité (langage spécialisé, technique, d'expert) ou d'un groupe sociétal (culture d'entreprise ou institutionnelle).

Les aléas de la communication

Dans toute communication, qu'elle soit orale ou écrite, une distorsion naturelle s'opère entre le message tel qu'il est émis et celui tel qu'il est reçu. Cet écart peut, bien évidemment, être réduit au maximum, notamment dans la relation écrite, si l'on veille attentivement aux paramètres qui agissent dans la compréhension.

Pour éclairer ce qui est en jeu dans tout échange de message, examinons le fameux « schéma de la communication » utilisé par les linguistes et les sémanticiens.

Le schéma de la communication

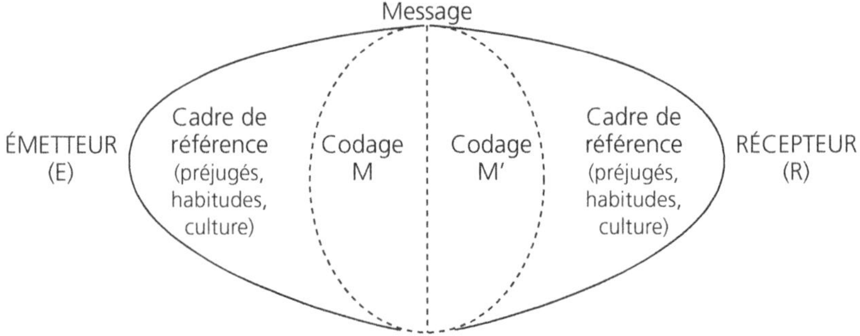

Le codage et le décodage

Il faut avoir en tête le schéma de la communication dès que l'on veut communiquer, à l'oral ou à l'écrit… et plus encore à l'écrit.

On explique : E envoie M à R, mais R reçoit M' ! Le message se transforme, plus ou moins mais inévitablement, par des parasites et des interférences sur l'onde radio !

Le cadre de référence général (culture, habitudes, préjugés) diffère plus ou moins entre E et R et fait plus ou moins écran. De plus, le cadre de référence personnel de E et R interfère dans la communication : vécu, représentations et modèles, valeurs, groupe d'appartenance. Enfin, si E et R parlent la même langue, ils n'ont pas automatiquement le même langage. D'où les problèmes de décodage…

De l'oral à l'écrit

À l'oral, cette transformation de M en M' est dite « interactive » puisque E et R sont en présence, et donc réagissent en temps réel.

Le discours de chacun des interlocuteurs est compréhensible s'il y a partage de la même langue, à condition que celle-ci soit également maîtrisée par chacun.

De plus, la communication orale est fiabilisée par d'autres canaux de communication qui relèvent du langage non verbal : intonation, gestes, regards, mimiques, ainsi que par le contexte qui cadre le tout. Ces signaux interfèrent pour appuyer, enrichir, voire contredire… ce qui est dit.

Or, à l'écrit, le décodage se réalise sans ces signaux car sans la présence de l'interlocuteur. Le « retour » (réponse ou effet produit) de R est forcément différé dans l'espace et dans le temps. Le destinataire de l'écrit prend donc « à la lettre » ce qui est transmis, avec les interactions évoquées plus haut : cadre de référence personnel et contextuel, présupposés, etc.

Et, bien que la langue soit commune, il y a aussi les langages à prendre en compte, c'est-à-dire le langage d'entreprise, d'expert, en plus des connotations personnelles dont on n'a pas toujours conscience.

Les fonctions de la communication

Le schéma de la communication peut être utilement complété par les six fonctions du langage définies par Roman Jakobson (1963) qui mettent en lumière la dominante d'un message.

Les fonctions du langage selon Jakobson

Fonction	Message centré sur...	Caractéristique
Référentielle	Le contexte (référent)	Chaque mot porte une information objective extérieure
Émotive (expressive)	Le destinateur (émetteur)	Empreinte de l'émetteur du message
Conative (convaincre, inciter)	Le destinataire	Indication explicite du destinataire
Poétique (esthétique)	Le message	Formulation, effets de mots
Phatique (contact ou canal)	Le support	Conditions de communication, assure la transmission indépendamment de l'intention et de l'effet
Métalinguistique (code)	Réflexion sur le message	Le langage parle du langage, réfléchit sur lui-même

Ces observations permettent d'utiliser volontairement, dans un message, l'une de ces fonctions selon la dominante souhaitée.

Dans tous les cas, ces éléments sont actifs dans toute situation de communication, orale et écrite, de façon consciente ou pas et selon des modulations variables.

Les trois grandes fonctions du discours

On répertorie trois grandes fonctions dans le discours (« prise de parole » formalisée, écrite ou orale), correspondant à trois types d'actions qui caractérisent l'activité professionnelle.

Décrire

Il s'agit de restituer une situation, de présenter un produit et ses spécificités, de tracer un processus, de suivre une évolution, dans un discours qui se veut objectif afin de partager une information nécessaire à l'action.

Expliquer

Il s'agit d'exposer, de faire comprendre, de développer, d'élucider une problématique, d'éclairer une situation, éventuellement d'interpréter, dans une démarche pédagogique pour les acteurs concernés.

Argumenter

Il s'agit de présenter un raisonnement destiné à prouver ou à réfuter, à démontrer le bien-fondé d'une situation, à faire partager une stratégie.

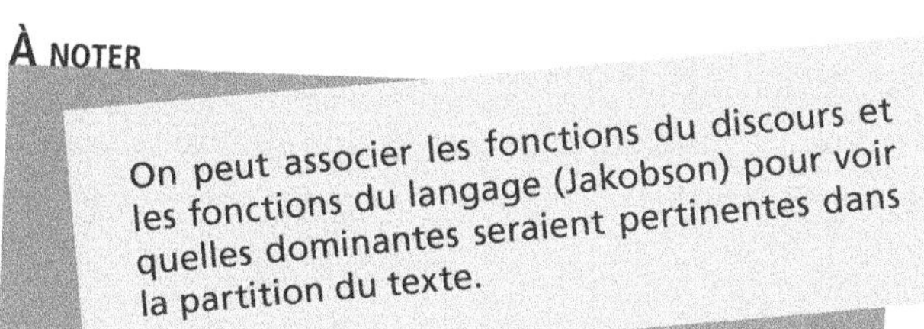

À NOTER

On peut associer les fonctions du discours et les fonctions du langage (Jakobson) pour voir quelles dominantes seraient pertinentes dans la partition du texte.

DÉCRIRE ⸱⸱⸱> FAIRE COMPRENDRE

Synthèse – Compte rendu – Rapport – Fiche produit

EXPLIQUER ⸱⸱⸱> FAIRE ÉTAT

Compte rendu – *Reporting* – Note de service

ARGUMENTER ⸱⸱⸱> FAIRE ADHÉRER

Synthèse – Lettre – Note de problématique

Convaincre : la clé de « com » !

Convaincre est le dénominateur commun à toute communication, afin de créer ce qui la caractérise : la relation, donc l'adhésion. C'est une énergie à mettre dans le moteur du message, au ralenti ou en force, à vitesses variables :

- convaincre l'interlocuteur de vous écouter ou de vous lire ;
- de penser que l'information est exacte, qu'elle répond à son attente ;
- d'agir, d'appliquer une consigne, d'intégrer cette information ;
- en bref : de répondre à la demande ou de vous répondre.

Mais il ne s'agit pas seulement de convaincre l'autre ! L'émetteur – le rédacteur – doit lui-même être convaincu de ce qu'il exprime, demande, suggère. Convaincre, c'est « vaincre avec ».

Pour cela, il lui faut faire appel à son ressenti ou son opinion, mais il lui sera plus profitable de prendre appui sur des éléments factuels et de connaître la nécessité d'atteindre l'objectif.

L'écrit « pro » actif porte la conviction de l'émetteur vers le récepteur, pour la partager.

À NOTER

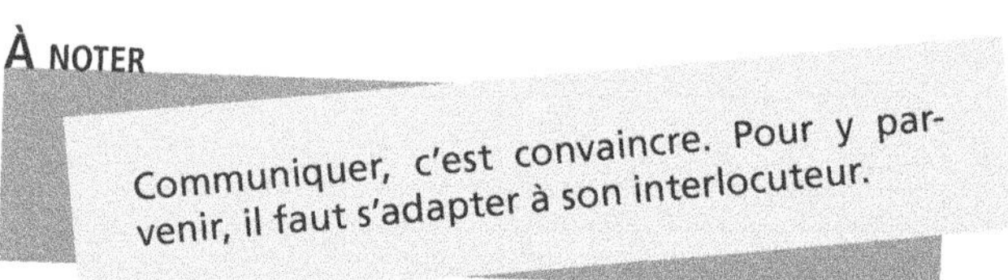

Les terrains d'action de la communication

L'entreprise, privée ou de secteur public, communique sur deux terrains : régulièrement sur celui de sa production et, selon les circonstances de l'actualité et selon la taille et la réputation de sa structure, sur le terrain de son identité, c'est-à-dire de son existence.

La communication « produit »

C'est la communication qui porte sur le produit ou le service proposé par l'entreprise, qu'elle souhaite faire connaître ou vendre, au public ou à des cibles particulières.

La communication dite « institutionnelle »

On parle de communication institutionnelle (ou *« corporate »*) lorsque le message porte sur l'identité même de l'entreprise : sa marque, son image, ses caractéristiques, ce qui la distingue des autres sur le même créneau économique.

L'image de l'entreprise

Dans le langage de la communication, c'est l'expression de l'identité d'une entreprise, privée ou de secteur public, qui traduit à la fois ce qu'elle est, ce qu'elle sait faire, ce qu'elle veut faire. C'est aussi la représentation ou l'opinion que le public se fait de cette entreprise.

Tout support de communication, de la lettre à la plaquette de présentation, concourt à cette image. Même s'il ne s'agit pas d'une campagne de communication dite « institutionnelle », chaque message renforce (ou affaiblit, ou contredit) l'image et l'identité de l'entreprise.

La communication de positionnement

Il s'agit d'une variante, plus contextuelle, de la communication institutionnelle. Au regard de certains contextes (actualité, concurrence, menace économique ou période de réforme pouvant impacter l'activité, ou la réaction du public ou de la clientèle), une communication spécifique vise à valoriser les éléments identificateurs de l'entreprise ou de l'institution (secteur public, service de l'État). Elle affirme son savoir-faire, ses valeurs, ses missions (ou les missions qu'elle se donne au-delà de sa production).

La finalité est de faciliter ou développer la relation avec les différents publics ou partenaires de l'entreprise.

La communication de crise

Une communication d'urgence s'impose lors d'une remise en question de la crédibilité, de la légitimité de l'entreprise quant à ses produits ou ses services.

La mise en cause peut être soudaine, parfois brutale (fruit d'un incident, d'un accident), latente (accumulation de faits) ou virtuelle (sans réalité ni preuve mais crédible dans l'opinion).

La communication à assurer dans ces situations conflictuelles est d'importance pour la pérennité de l'entreprise ou, dans un cas moins grave, pour le rétablissement d'une bonne relation avec son public. Elle se traduira par une « prise de parole » qui peut être orale (interview d'un dirigeant par la presse) et écrite, à travers divers supports à choisir selon le contexte : communiqué de presse, *mailings* à la clientèle, *newsletter*, lettres aux partenaires et aux prestataires.

Elle consistera à réaffirmer la fiabilité de l'entreprise et surtout à répondre aux questions explicites ou latentes de l'adversité.

Les clés de la communication

Les trois mots-clés de la « com »

Chaque communication s'ancre dans l'action : au regard d'une situation, à l'attention d'un public déterminé, pour atteindre un objectif.

Chaque émetteur attend une réaction du destinataire : qu'il comprenne, qu'il soit informé ou donne l'information dont on a besoin, qu'il soit convaincu, passe à l'action, qu'il achète ou adhère…

Chaque public visé (client, usager, partenaire, prestataire) attend quelque chose : au moins de comprendre, de relier le message reçu à l'action concernée. S'il n'attend rien, on espère une réaction à l'information qu'on va lui adresser : une réponse, une action…

En communication interne, les mêmes enjeux sont présents : entre décideur et opérateur, entre collègues, entre services…

Tout destinataire, même non demandeur, « attend » qu'on lui adresse un message spécifique.

Pour que le discours, oral ou écrit, soit efficace, il est fondamental d'avoir en tête ces trois mots-clés qui ouvrent la porte de toute communication : cible, message, objectif.

La cible

C'est le destinataire (lecteur, auditeur, téléspectateur, CSP – catégorie socioprofessionnelle) dont on attend une action ou une réaction.

En conséquence, chaque support de communication s'ancre dans l'action, en s'adaptant à une situation, à un public visé et à un objectif à atteindre.

Le message

C'est l'information que l'on veut transmettre à la cible. On distingue le « message » du produit écrit car un « contenu » ou une

« intention » de communication peuvent prendre diverses formes rédactionnelles selon les destinataires et les supports utilisés. La question se pose ainsi : « Quel est le message ? » En conséquence, quel texte est à rédiger ?

Un *« briefing »* (entre demandeur et rédacteur, entre membres d'une équipe) permet d'élaborer le message à faire passer, qui se déclinera différemment selon la cible (interne ou externe) et selon la diffusion privilégiée.

Une campagne de communication prévoit une déclinaison du message selon les cibles et les supports choisis (affiche, dépliant, *mailing*, annonce presse, spot radio ou télé...).

L'objectif

C'est l'effet attendu de l'action de communication : retour ou réaction positive. Il s'agit du résultat souhaité qui permettra de réussir une action nécessaire à la bonne marche de l'activité. L'objectif se définit par l'écart entre une situation présente et une situation modifiée à atteindre : « Il faudrait que... »

Les deux paramètres à intégrer

Évidemment, pour bien tenir en main ces trois clés, il est essentiel de prendre en compte les deux côtés de la porte : le contexte qui a suscité la communication et le support qui permettra de franchir le seuil...

Le contexte

Il s'agit, bien sûr, du contexte lié à l'émetteur : le motif, les circonstances, la problématique... pour lesquels il doit formuler une information et mettre en œuvre une communication efficace. Toutefois, l'émetteur a tendance à oublier le contexte du récepteur : celui-ci n'a pas forcément la même problématique, ni le même langage ni le même besoin que l'émetteur. Si l'on ignore ce côté opposé de la porte, on risque de se la faire claquer au nez ou tout simplement de la voir rester fermée.

Le support

Le message doit s'inscrire dans le canal qui convient le mieux pour sa bonne transmission : oral, papier, dématérialisé. Il s'agit du support qui est le mieux adapté pour atteindre l'objectif et au regard de la cible.

- Message : quoi ?
- Contexte : pourquoi ?
- Objectif : pour quoi ?
- Cible : pour qui ?
- Support : comment ?

« Ce que l'on conçoit bien s'énonce clairement, Et les mots pour le dire arrivent aisément. »

Nicolas Boileau, *L'Art poétique*

Chapitre III

Guide méthodologique de l'écrit professionnel

Écrire « pro », étape par étape

Le rédacteur « pro » apprend une technique, acquiert une méthode, applique les consignes et… il s'entraîne ! Avec l'expérience, le savoir devient un savoir-faire rapide et efficace.

Avant d'attraper sa plume ou de cliquer sur sa souris, avant d'écrire vite fait la lettre, la note ou la synthèse, il faut se poser les questions suivantes :

- qu'ai-je à dire, à faire savoir, à demander ?
- à qui s'adresse mon message, quel est mon interlocuteur absent ?

En bref, se questionner : quoi, pour qui, pourquoi, pour quoi faire ?

Réfléchir en écrivant... erreur !

La rédaction est trop souvent simultanément le temps de la réflexion : on cherche en écrivant. Encore faut-il savoir pourquoi, pour qui, par rapport à quoi on se met à réfléchir et écrire. Un « pro » va faire la distinction entre :

1. L'étape de raisonnement : « Parce que…, étant donné que…, il faudrait que… » ;
2. Et l'étape de rédaction : élaboration du texte et finalisation du raisonnement.

Les idées viennent en écrivant ?

Si cette manière permet de trouver des idées, de débloquer l'expression, de clarifier l'intention, elle s'intégrera à l'étape 1 de réflexion et à l'étape 2 de rédaction. Le message, ensuite, devra être revu selon les règles.

> *« Avant donc que d'écrire,*
> *apprenez à penser. »*
>
> Nicolas Boileau, *L'Art poétique*

Une méthode pour un bon rapport temps/efficacité

Tout professionnel, pressé par les délais et sous la contrainte de rentabilité, va vouloir aller vite au résultat. Or, il est primordial de prendre le temps d'acquérir une méthode qui, ensuite, avec la pratique, sera un accélérateur de savoir-faire.

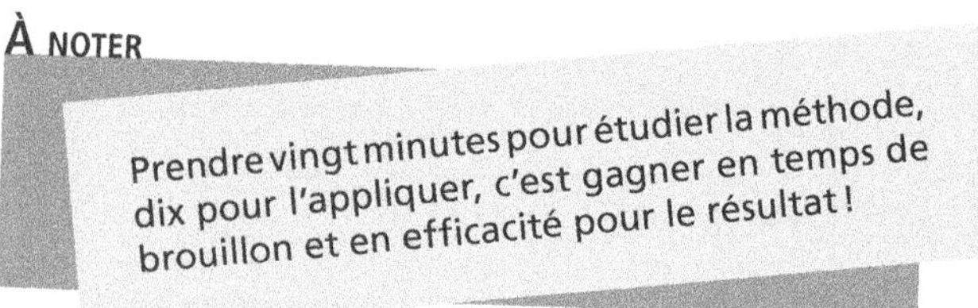

Savoir penser pour savoir écrire

Écrire donc réfléchir	Écrire pour agir
Savoir	Savoir-faire
↓	↓
Cerner le contexte Clarifier ses idées Définir l'objectif Identifier la cible Choisir une présentation	Faire savoir Demander de faire Convaincre Décider Se positionner

Des étapes à suivre sans en sauter une !

Plus on s'entraîne à suivre les étapes, plus on sera rapide. Très vite, le gain de productivité sera net dans le circuit de la communication.

En équipe

Méthode à utiliser dans une séance de travail entre collègues autour d'un message important à bâtir.

En solo

Mode d'emploi idéal pour rédiger n'importe quel support. Selon l'importance et le volume du document, le temps sera variable.

La méthode consiste à franchir chacune des trois étapes « avant – pendant – après » sans en sauter aucune. Au final, le temps passé sera minime au regard de celui perdu à chercher, à hésiter et à remplir la corbeille de multiples brouillons.

Avant

1. Stop ! On réfléchit

La réflexion sert à gagner du temps. C'est déjà un savoir-faire. Elle permet de clarifier la demande (d'un service, d'une hiérarchie), de trouver les bonnes idées et de rédiger efficacement.

Si, avant d'écrire, la problématique a été identifiée selon un contexte, un objectif, le reste en découlera facilement.

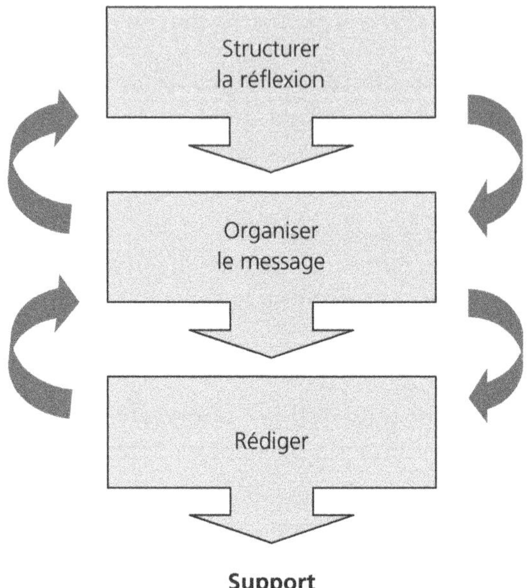

**Relier l'écrit à l'action : approche des paramètres
et des enjeux de la relation écrite**

On va écrire... quoi, pourquoi ?

La finalité étant l'action, il s'agit de faire ressortir le sens que le message va porter pour la servir. Pour en avoir une vision juste, il convient de prendre en compte le contexte qui amène à l'écrire.

Pour ajuster à la fois ses idées, les éléments contextuels et les sources documentaires, il existe une recette simple mais rigoureuse : la synthèse.

La synthèse expresse pour « penser » le message

Avec cette méthode, on utilise la synthèse comme mode de réflexion, dès lors qu'il s'agit d'un document lourd (rapport) ou d'importance stratégique (publicité, brochure commerciale). Elle apporte une démarche intellectuelle, analytique et créative pour répondre de façon pertinente à une sollicitation, donc à une situation.

Il faut alors extraire du contexte (situation, sources documentaires et paramètres de communication) ce qui doit être utilisé dans la fabrication du message.

Méthodo

Selon l'importance du document à produire ou les collaborateurs concernés.

En équipe

Brainstorming (réunion « flash »).

En solo

Prise de notes rapide.

À faire

Décrire brièvement la situation pour saisir le contexte.

Mettre en relation, en comparaison, les éléments utiles.

Sélectionner les éléments qui constitueront les matériaux du texte.

Identifier les éléments manquants, donc à trouver.

Penser à ses sources… et ses ressources

* Que savoir du destinataire et comment le savoir ?

* Quelles informations sont nécessaires pour construire ce message ?

* Qui peut vous conseiller sur le message, en tester la rédaction ?

On dispose, dans cette étape, des éléments utiles qui permettent de construire le schéma de la communication suivant qui servira d'appui à la rédaction :

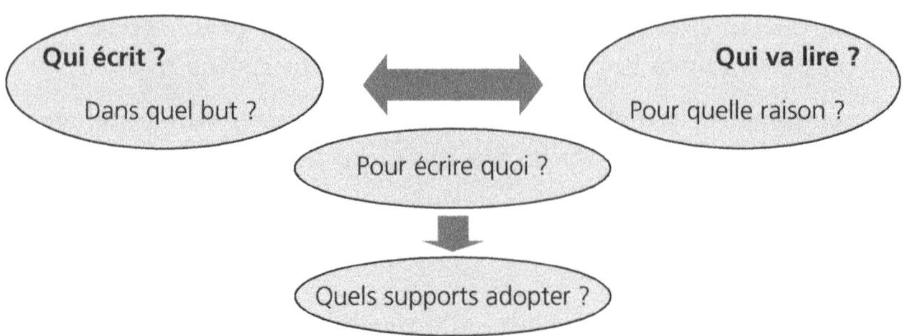

Les bonnes questions avant d'écrire

2. On prépare la rédaction

À partir du schéma de la communication, on peut relier l'écrit à l'action selon les trois notions clés : cible, message, objectif.

Ensuite, on procède au « brouillon » de la rédaction.

Si le message comporte plusieurs idées, cette préparation permet de :

• dégager l'essentiel du message ;

• mieux prendre en compte le destinataire ;

• clarifier l'objectif en soulignant les enjeux.

Simultanément, on choisit le support au regard des usages de l'entreprise et du contexte spécifique. Si le support est imposé, s'assurer de ses caractéristiques.

Enfin, on rassemble ses outils : le mémo de préparation, le dictionnaire pour vérification, les documents d'appui et de référence.

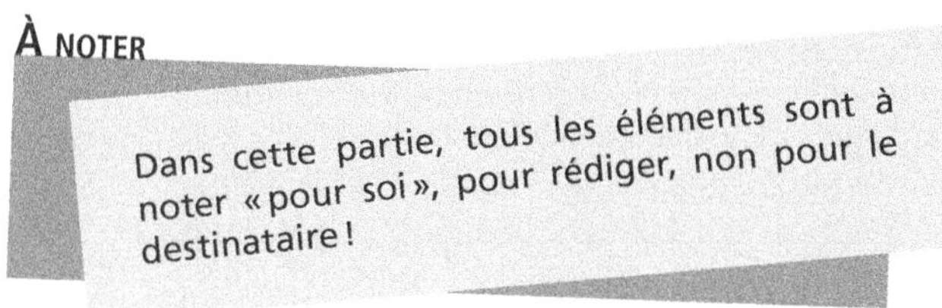

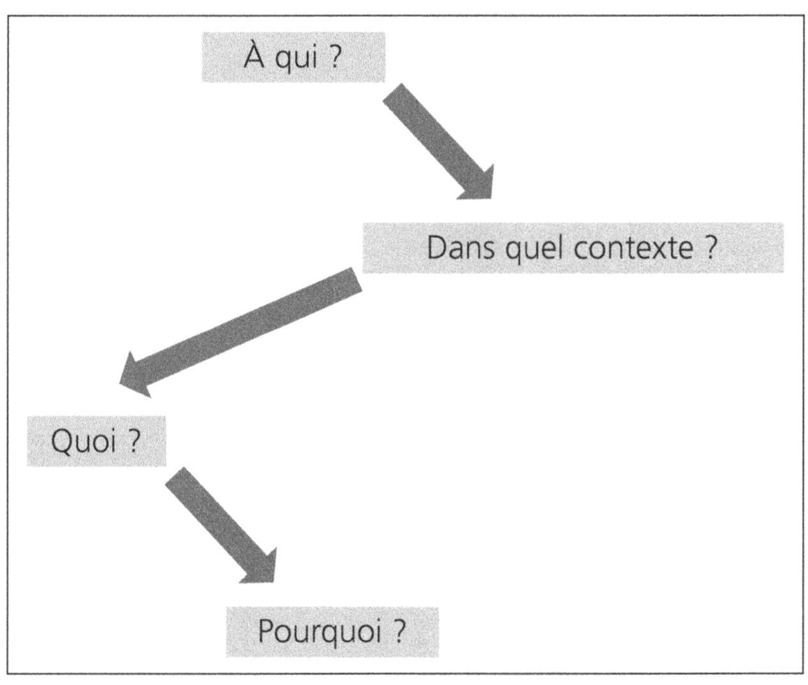

Les ingrédients pour rédiger

LA PRÉPARATION DU TEXTE

À qui ? Identifier le(s) destinataire(s) : titre, fonction, environnement professionnel et culturel, langage... ou le maximum d'informations.

Quoi ? Définir le message : ce que l'on veut dire, en quelques mots. À vérifier lorsqu'on écrit pour quelqu'un d'autre (responsable, directeur...).

Dans quel contexte ? Le cadrage informatif : dans quel projet, en connaissance de quelles informations (explicites ou implicites), dans quelle perspective ?

Pourquoi ? L'objectif du message : l'action souhaitée en conséquence, la réponse attendue, le comportement à induire...

Schématiser le message

Il faut formuler en une phrase simple ce que l'on veut « dire » avant... de l'écrire ! Indispensable pour les écrits longs, complexes, ce schéma résume à grands traits l'essentiel à développer ensuite dans la rédaction. Il permet de vérifier la bonne compréhension de la commande d'un hiérarchique, d'un service, avant de se lancer.

Il s'agit de cerner et clarifier son sujet, donc de formuler l'objet du message.

Méthodo

1. En mémo pour soi, on note : « Mettre en valeur les qualités du nouveau produit », ou « Poser les bases d'une négociation positive pour ce marché difficile », ou encore « Faire comprendre les nouvelles consignes de travail sans remettre en cause l'équipe »…

2. On vérifie : est-ce bien la demande (du hiérarchique, du service) ?

3. On observe : l'objectif est-il déjà présent dans ce schéma ? Si oui, une bonne partie du point suivant est faite.

Définir l'objectif

Savoir ce qu'on veut écrire, c'est bien. Savoir pourquoi, c'est mieux !

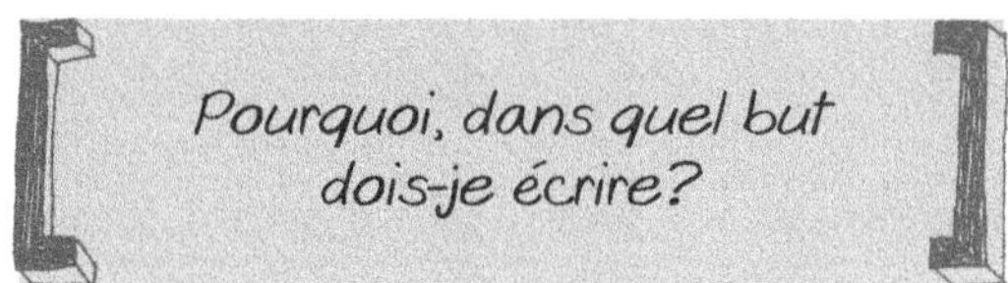

Le message répond à la nécessité de réduire l'écart entre :

• ce que l'émetteur sait ;

• ce que le destinataire ne sait pas…

… pour résoudre un problème, répondre à une demande, faire une action, obtenir un résultat.

Méthodo

❶ Appliquer la formulation suivante pour tracer les paramètres de l'objectif :

- « Étant donné que… » > contexte ;
- « Il faudrait que X… » > cible ;
- « fasse… » > objectif ;
- « en l'informant que…, en lui demandant de… » > message.

❷ Lorsqu'on a répondu à la question : « Quel est l'écart à réduire ? » (ou le manque d'information), on tient l'objectif.

❸ On formule l'objectif qui complète le schéma du message : « Décrire les qualités du nouveau produit pour convaincre mon client de l'acheter et, ainsi, élargir la part de marché de la société sur le créneau de… »

 **L'objectif est à noter pour soi (pour l'entreprise) !**

Cerner la cible

Il importe d'être au clair sur l'émetteur et sur le récepteur.

>

Communiquer, c'est construire un message au nom de :

- soi-même ;
- sa fonction ;
- l'entreprise.

Le signataire d'une lettre signe à la fois en son nom et au nom de sa fonction.

Le rédacteur professionnel s'efface derrière l'entreprise ou son commanditaire (direction, service) pour les représenter.

Communiquer, c'est s'adresser à quelqu'un :

* qui a une attente spécifique ;

* à qui on demande quelque chose ;

* dont on attend quelque chose.

Méthodo

1. Se positionner en tant qu'émetteur : au nom de qui, de quelle entreprise ?

2. Se représenter le destinataire : qui, quelle fonction, quelle entreprise, quelle catégorie socioprofessionnelle (client, usager…), quel cadre de référence ?

Choisir le support

Choisir le support, oui mais lequel ? Par habitude, on se lance sur un support (lettre, plaquette…) avant d'avoir tous les éléments en main. Il y a, à notre disposition, tout un catalogue de supports dont chacun a sa spécificité.

À chaque type de communication son support :

* facilement identifiable par le récepteur ;

* dont la structure suit des règles de rédaction et des codes de présentation.

Méthodo

1 Éviter de penser : « Vite, faire une lettre pour… » Préférer : « Il faut écrire ceci, pour tel destinataire, tel retour, donc une lettre convient mieux. »

2 Selon les particularités du message à rédiger, choisir le support qui :

- retiendra l'attention du destinataire ;

- dont la structure correspondra au texte à écrire : bref, percutant, formel, descriptif, argumentatif, exhaustif sur le sujet… ;

- donnera le ton, l'importance, l'image que l'on veut donner ;

- sera en cohérence avec les messages antérieurs (si l'on change de support, c'est qu'il y a une raison : laquelle ?).

Conseil

Note ou courriel ?
Réfléchir à l'impact, la lisibilité, la pérennité dans chaque cas.
Choisir le type d'écrit pertinent selon la situation, le contexte, le destinataire et l'objectif.

Avoir les outils

Les outils sont, comme pour tout opérateur, à disposition pour produire. En rédaction, le rédacteur « pro », quelle que soit sa fonction, doit maîtriser les techniques rédactionnelles : lisibilité, typographie, structuration, style.

Il a toujours, à portée de main, les ouvrages de référence et les guides à consulter en cours de rédaction : méthode, dictionnaire, documentation utile.

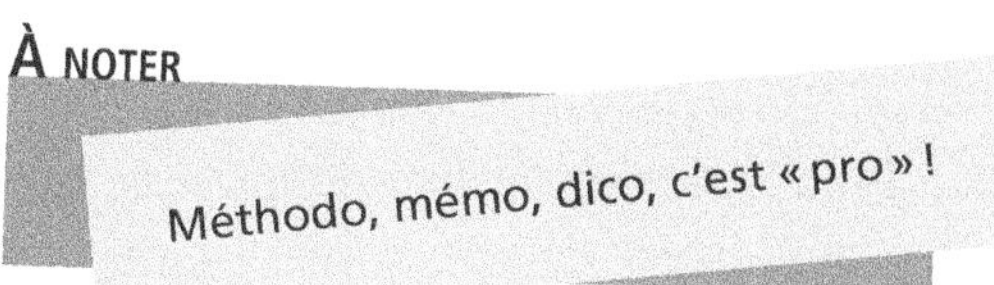

CONSEIL

Les bons outils de vérification sont, bien sûr, les dictionnaires. À choisir selon leur côté pratique en situation de travail et l'actualité de leurs contenus.

Quels dictionnaires choisir?

Nombreux, en multiples formats, tous de bonne référence, ils ne se ressemblent pas et répondent à des utilisations spécifiques.

Il existe les dictionnaires encyclopédiques (en plus de la définition, ils fournissent des éléments de culture générale), les dictionnaires analogiques (regroupant des « familles de mots »), les dictionnaires étymologiques (histoire des mots)…

De plus, les lexicographes qui œuvrent à leur réalisation assurent, parallèlement, une « veille » de la langue, intégrant peu à peu des mots qui gagnent en usage, par exemple celui de « néologisme » (mot inventé pour un nouveau concept), devenu un terme usuel contemporain. C'est pourquoi on constate des différences d'un dictionnaire à l'autre (*corpus* de la langue, graphie, acceptions).

L'idéal est de disposer de plusieurs sortes de dictionnaires mais d'avoir sous la main, pour le travail de rédaction, un dictionnaire pratique et actuel, reconnu comme référence dans les usages éditoriaux (*cf.* bibliographie).

Pendant

Avec les atouts de la réflexion et le « mémo » de préparation, on peut commencer à rédiger. L'étape « Avant » permet une rédaction plus rapide, avec une économie d'hésitations. Pour un texte long (rapport, argumentaire de vente…), elle offre des fondations concrètes et solides.

On écrit !

Les idées, condensées dans le schéma du message, demandent à être développées de façon logique, adaptées au destinataire et en cohérence avec la finalité (objectif).

Établir le plan

Pour un texte court

Noter les trois points principaux à traiter, dans l'ordre qui favorise l'objectif formulé (à ne pas restituer tels quels !).

Pour un texte plus long

Faire un plan en organisant les différents éléments du message de fond (pour un argumentaire, une note de problématique…).

Pour les documents très longs (rapport, étude), prévoir un sommaire détaillé. On peut, au début du travail de rédaction, établir un présommaire qui sera complété ou modifié à la fin et, surtout, vérifié.

Méthodo

1. Examiner le « mémo » et le schéma du message.
2. Tirer le fil des idées à partir de ce schéma. On obtient des déclinaisons à traiter, à développer ou, éventuellement, à supprimer.

Ainsi donc, il faut :

- sélectionner les informations prioritaires ;
- agencer l'ordre des informations ;
- éviter les redondances et supprimer les éléments inutiles.

❸ Établir un plan (les trois parties du texte), ou un miniplan pour un message court mais qui doit être efficace.

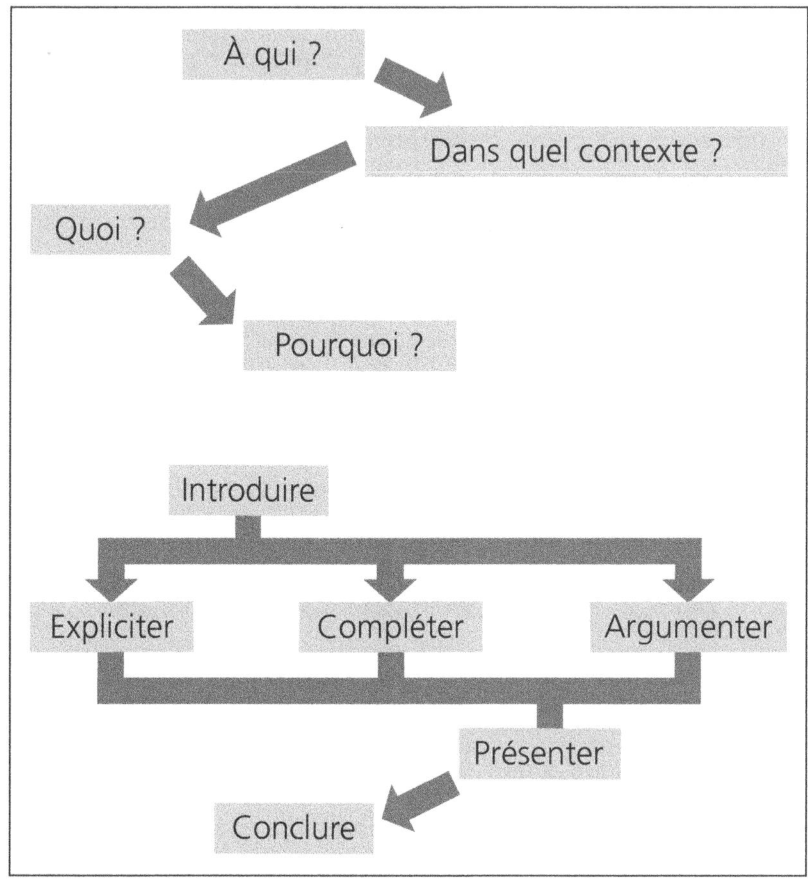

Les composants du texte

Structurer le texte

Classiquement, pour une lettre comme pour un document plus important (rapport, étude, note de problématique, synthèse), on distingue trois parties, sachant que la partie centrale sera développée en sous-parties avec, selon la longueur, des titrages.

Les trois parties du texte

1. Introduire : expliciter et compléter l'objet du message (même s'il est mentionné en « objet »), dès la première phrase.

2. Argumenter : présenter les informations dans un ordre chronologique et logique ; développer selon une structure (avec les trois points principaux ou un plan si nécessaire).

3. Conclure : aboutir à la question posée, à l'action attendue, à la réponse souhaitée.

Une fois le plan établi, la structure d'ensemble apparaît clairement. Il s'agit de la construire, non seulement pour l'usage du rédacteur mais également pour la compréhension du lecteur.

Méthodo

❶ En se mettant du côté du destinataire, se demander :

- Par quoi faut-il commencer ?

- Comment faut-il développer ?

- Où faut-il aboutir ?

❷ Se reporter au plan et, si le texte à écrire est long et complexe, constituer des « pochons » (pages, pochettes ou fichiers) par thème ou sous-partie, puis y rassembler les idées, les références, les données chiffrées, etc.

❸ Rédiger la conclusion avant le corps du texte, afin de ne pas perdre de vue l'objectif, la finalité du document, le bilan de l'étude…

Rédiger

À présent, il s'agit d'appliquer les règles du « bien écrire » afin de rendre à son propos toute la clarté possible, d'assurer la lisibilité du texte et, enfin, de donner une image de qualité à l'écrit professionnel. Tout l'art de la rédaction réside dans la maîtrise des règles et la connaissance de son lecteur.

Même lorsque l'on a déterminé la cible dans l'étape « Avant », il faut garder à l'esprit le destinataire tout au long de la rédaction. Ainsi, même absent, il doit être « là »… dans la manière dont on s'adresse à lui. Surtout, il faut éviter la tendance naturelle à privilégier sa propre évidence, ses habitudes de langage, les informations dont on dispose (lui n'en dispose pas forcément).

Le lecteur n'est pas, et ne sera jamais, dans notre tête. La règle est simple : simplifier son langage et construire clairement son message. Chaque mot choisi, chaque tournure de phrase demande :

- une démarche qualité pour l'écrit qui représente l'entreprise ;

- une attention sur le « profil » du lecteur.

C'est dans ce double encrier qu'on trouve les mots qu'il faut !

 **Points de veille : orthographe, ponctuation, typographie, structuration, calibrage.**

Méthodo

❶ Choisir le vocabulaire adapté au destinataire :

- Qui est-il, quelle est sa fonction, dans quelle entreprise ou quel organisme travaille-t-il ?

- Parle-t-il le même langage ? Connaît-il la terminologie, les sigles utilisés ?

- Comment va-t-il comprendre le message ? Quels sont les risques d'une mauvaise interprétation ?
- Quel est l'effet attendu en retour ? l'action ou le résultat souhaité ?

② Respecter le calibrage demandé : nombre de signes, de lignes, de pages.

③ Consulter autant que nécessaire les guides pour respecter les règles orthographiques, grammaticales, typographiques.

④ Tester la compréhension auprès d'un lecteur proche de la cible.

Le calibrage

Le calibrage est le nombre de signes que doit comporter un texte. Le comptage inclut les lettres, la ponctuation, les blancs entre les mots. On parle aussi d'encombrement du texte. La plupart des écrits professionnels ont une contrainte d'encombrement : un maximum de pages, à traduire en signes.

La page normalisée est de 1500 signes (25 lignes de 60 signes).

LES POINTS CLÉS DE L'ÉCRIT PROFESSIONNEL

- Préférer les phrases courtes et les formulations positives.
- Choisir des formes grammaticales directes, autant que possible.
- Respecter les règles normatives.
- Veiller aux règles de lisibilité.
- Utiliser des mots courants ou dont le sens est connu de la cible.
- Simplifier des éléments chiffrés (selon la cible) dans un souci de compréhension du lecteur.

Après

Pendant la rédaction, on a veillé à :

* une adéquation pertinente entre le message et son support ;

* une relation efficace entre l'émetteur et le destinataire.

Le texte est prêt à partir vers son lecteur. Il reste néanmoins une toute dernière étape, indispensable et souvent zappée : la vérification !

L'efficacité, en communication, ne se mesure pas à la satisfaction ressentie… car le message va cheminer, sans nous, vers le lecteur.

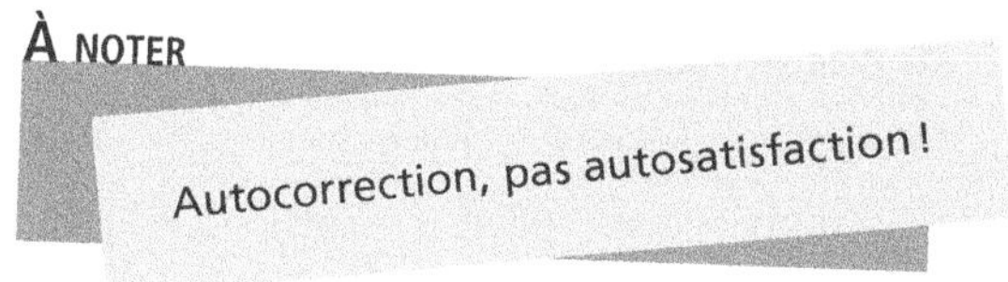

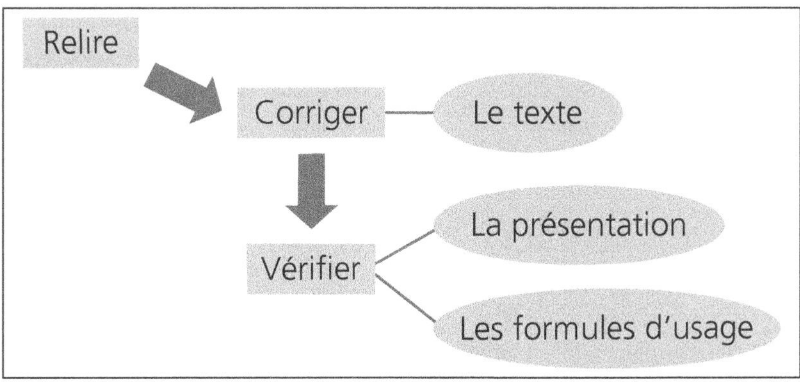

À voir après la rédaction

Le contrôle qualité

En 2 à 3 minutes, ce contrôle qualité assure :
- la compétence du rédacteur ;
- l'image positive de l'entreprise émettrice ;
- la meilleure chance d'atteindre l'objectif.

Il s'agit de deux points de veille :
- relire et corriger ;
- vérifier la présentation.

Méthodo

❶ Se mettre en position de lecteur :
- si possible, laisser « reposer » le texte ;
- tester auprès d'une personne dont le profil est proche de la cible ;
- Faire lire par une tierce personne en cas de complexité.

❷ Lire d'un œil critique :
- sur le fond : argument logique, clair, simple ;
- sur la forme : détailler chaque mot de manière syllabique pour le vocabulaire spécialisé ou, au contraire, d'usage fréquent (car on ne « voit » plus !) ;
- sur l'ensemble : la présentation, les repères…

LE «MÉMO CONTRÔLE»!

Un *listing* des points de contrôle est très utile.
À chacun de le personnaliser. On coche la case :
«OK» ou «fait».

– Identifiants du message : émetteur, destinataire(s), objet.

– Références ou sources à citer.

– Ordre logique des paragraphes.

– Lisibilité des phrases.

– Justesse du vocabulaire.

– Clarté des sigles, des formulations techniques.

– Orthographe : accords (verbes, adjectifs), graphie des mots...

– Fautes «perso» les plus récurrentes.

– Charte rédactionnelle, charte technique, graphique...

– Formules d'usage.

– Sommaire et renvois de page.

À NOTER

Attention aux «copier-coller», souvent utilisés d'un écrit à l'autre. Ils sont source d'erreur et... de quiproquos!

Spécial «écrit collectif»

Pour les documents longs, complexes, stratégiques, plusieurs cas de figure peuvent se présenter :

• la corédaction ;

• les interventions multiples (experts) ;

- la reprise d'un texte d'expert pour une plus grande lisibilité ;
- les corrections des instances de validation à intégrer…

Dans les contributions multiples, l'effort tend sur le contenu et sur la concertation entre les intervenants et, de ce fait, le lecteur destinataire a tendance à être oublié.

Pour l'écrit collectif ou ayant subi plusieurs interventions, la relecture finale portera sur :

- l'exactitude des reports de correction de chaque intervenant ;
- la cohérence de ces modifications avec l'ensemble ;
- la vérification des règles d'accord dans toute phrase modifiée ;
- les redondances éventuelles du fait d'ajouts ou de reformulations ;
- la bonne lisibilité du texte dans sa forme définitive.

L'écrit collectif relève d'une responsabilité (auteur signataire, hiérarchie, service). Il faut donc qu'une personne, en son nom ou au nom du service émetteur, garantisse l'homogénéité et la validité du document.

En conclusion

Écrire, c'est être expert d'un atelier. Il y a la matière à travailler et les outils pour préparer son message.

La bonne recette de l'écrit « pro »

- La matière première : les informations à disposition ou à trouver.

- La préparation : choix du vocabulaire, argumentation ou explication, dosage des ingrédients (en dire assez sans en dire trop).

- Les « plus » de l'écrit « pro » : règles de lisibilité, personnalisation, style.

- La touche finale : relecture et présentation du message.

 **La fin d'une étape conditionne la suivante. On revient à une étape précédente si un point s'avère encore confus ou problématique.**

UNE EXIGENCE FORTE
POUR L'ÉCRIT PROFESSIONNEL

Réfléchir à l'objet du message ····⟩ objectif.

Organiser le message ····⟩ penser avant d'écrire.

Écrire dans une forme proche de « l'oral » (sans les fautes de l'oral).

Écrire de façon brève et concise : chaque mot doit être utile.

Écrire simplement ····⟩ message vite envoyé ····⟩ vite lu.

Écrire et réécrire ····⟩ la bonne formule ne vient pas du premier coup, le bon texte n'est pas du premier jet.

Être positif ····⟩ pour obtenir la réaction attendue.

Chapitre IV

LE SAVOIR-FAIRE RÉDACTIONNEL... POUR AGIR

Les règles fondamentales

Fort d'une réflexion sur le message à écrire et d'une méthode efficace, le rédacteur professionnel est prêt à se lancer sur la page blanche ou vers l'écran de son ordinateur.

Avec ces atouts, il est en mesure d'affronter tout ce qui va, ensuite, semer de quelques épines ou obstacles le cœur de sa mission : la rédaction.

Tout rédacteur rencontre des difficultés, et ce sont souvent les mêmes qui freinent la plume :

- les caprices de l'orthographe ;
- les subtilités de la grammaire ;
- les formules pièges ;
- les contraintes du code typographique…

Les règles sont accessibles dès lors que l'on prend le temps de les étudier et, ensuite, de les vérifier autant que nécessaire.

Outre les règles qui commandent le fonctionnement des mots entre eux, certains principes relèvent de l'organisation d'ensemble du texte : la façon de structurer les idées et les paragraphes.

Pour finaliser le texte, reste son « habillage » : le titrage qui rendra claire sa structure et facilitera la lecture.

Avec l'entraînement, la technique devient plus souple et performante. Le « savoir écrire » est un muscle qui peut réagir plus vite à l'urgence, s'adapter au contexte, improviser face à l'imprévu, améliorer son esthétique autant que sa force.

Le rédacteur même très entraîné sait qu'il doit entretenir ses qualités, se remettre parfois en question… et toujours vérifier sa performance. Il n'aura aucune hésitation à consulter un ouvrage de référence, à revoir une subtilité de grammaire, à reprendre sa phrase pour l'améliorer.

Bien écrire, c'est...

- Structurer le texte pour un argument clair.
- Construire les phrases de façon logique.
- Maîtriser la ponctuation.
- Veiller à l'orthographe et à la grammaire.
- Connaître les «basiques» du code typographique.

La grammaire du rédacteur professionnel

La grammaire est l'étude de l'ensemble des éléments qui constituent une langue. Elle formalise les règles de fonctionnement entre ces divers éléments.

Elle est « normative » car elle fixe un code commun et un usage durable, pour l'appropriation de la langue par le plus grand nombre de locuteurs.

La grammaire comprend trois domaines d'étude :

- la phonétique, pour les sons du langage ;

- la lexicologie, pour la science des mots ;

- la syntaxe, pour les règles concernant la relation entre les éléments de la phrase.

Dans le domaine de la lexicologie, on trouve l'étude de la morphologie et de la prononciation des mots, l'orthographe, l'étymologie (ou origine et histoire des mots), la sémantique (ou science de la signification).

Tous ces domaines se croisent et se complètent, par exemple :

- une bizarrerie d'orthographe s'explique par l'histoire du mot (étymologie) ;

- la variation de signification d'un même mot, d'un locuteur à l'autre, s'observe par une approche sémantique ;

- la phonétique, la prononciation et la morphologie des mots ont conjointement un impact sur la perception et la compréhension d'un texte ;
- les règles de grammaire concernent, bien évidemment, la syntaxe.

Le rédacteur trouvera ici quelques fondamentaux de grammaire, des consignes pour l'usage correct de la langue et des recommandations pour les points de rédaction qui concernent tout particulièrement l'écrit professionnel.

Pour une connaissance approfondie et maîtrisée, il consultera des ouvrages de référence, où il trouvera l'ensemble des règles, des explications développées, de nombreux exemples et des cas d'application.

Un « pro » se reconnaît à sa documentation bien choisie et à ses outils d'urgence.

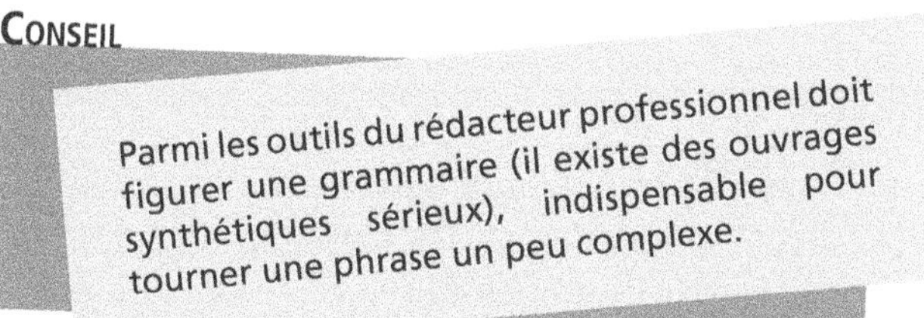

La syntaxe ou l'art de la phrase

La syntaxe, c'est l'organisation de la phrase : l'assemblage de ses différents éléments (sujet, verbe, complément direct ou indirect, proposition principale et propositions subordonnées, incises…) en créant des liens logiques entre eux, à l'aide d'articulations (mots de liaison) et de la ponctuation.

L'ordre logique de la phrase tient compte du mouvement de la pensée, de la chronologie des faits, de leur relation d'importance.

> **À NOTER**
>
> Syntaxe : du latin « *syntaxis* » qui vient du grec « *taxis* » : ordre, arrangement. Il s'agit donc de structurer la phrase selon un ordre qui respecte des règles de fonctionnement afin de donner un sens cohérent et aisément accessible au lecteur. Une phrase mal bâtie va brouiller ou fausser le sens. Des phrases mal reliées vont heurter ou briser la lecture et dévaluer l'ensemble du texte.

La phrase

La phrase contient un sens complet. Elle comporte au moins un verbe. Elle est dite « nominative » lorsqu'elle est sans verbe mais cette possibilité n'est pas recommandée dans l'écrit professionnel.

La structure de la phrase

La phrase simple, la plus élémentaire, est constituée d'un sujet, d'un verbe, d'un complément. Elle représente l'idée essentielle d'une action, d'un fait : un sujet fait/subit/est/quelque chose. Elle ne comporte qu'un seul verbe et peut se compléter de propositions qui dépendent de ce verbe.

La phrase composée comporte plusieurs verbes dont chacun commande une proposition distincte.

La proposition qui s'insère dans la phrase peut être :

- juxtaposée : « Nous nous sommes réunis, le débat était houleux » ;

- coordonnée : « Le bureau est fermé et personne n'entrera » ;

- subordonnée : « Comme nous avons terminé, nous pouvons partir ».

Les propositions subordonnées remplissent différentes fonctions : sujet, attribut, apposition, complément d'objet direct ou indirect, complément circonstanciel, d'agent, explicatif ou comparatif…

Pour une phrase fluide et aisée à comprendre

L'adverbe doit être proche du verbe dont il modifie le sens.

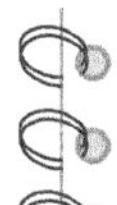

EXEMPLE

Écrire : «Je réponds rapidement à votre lettre» (et non : «Je réponds à votre lettre rapidement»).

Un verbe transitif direct et un verbe transitif indirect (suivi de la préposition «à») ou intransitif (sans complément) ne peuvent pas se construire ensemble avec le même complément.

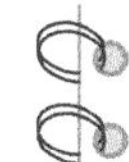

EXEMPLE

On ne peut écrire : «Préparer et réfléchir à un projet» («projet» ne peut pas être le même complément, donc on écrira : «Préparer un projet et y réfléchir»).

La phrase interrogative exige l'inversion verbe-sujet.

EXEMPLE

On écrit : «Êtes-vous disponible ?» (et non : «Vous êtes disponible ?» – cette forme orale peut être utilisée en langage publicitaire).

Le pronom relatif doit être le plus près possible de son antécédent.

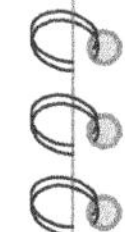

EXEMPLE

Pour écrire : «Le responsable (… … …), qui prend la décision…», il faut éviter une longueur entre le sujet et le pronom relatif qui s'y rapporte.

Phrases courtes

Principe pour tout texte de type informatif. Mais éviter des énoncés trop hachés. Veiller à la fluidité.

Phrases simples

Peu d'incises, peu de propositions subordonnées.

Une phrase simple peut être longue : vérifier le repérage aisé du sujet, du verbe, du complément.

Phrases complexes

À utiliser pour exposer un point théorique, suivre le cours de la pensée. Ne pas en abuser pour ne pas compromettre la lecture.

Respecter les règles de lisibilité.

La phrase du « pro »

Le rédacteur, pour assurer la compréhension, privilégie la phrase courte ou comportant le moins possible de subordonnées.

Il dose les phrases complexes ou les phrases trop longues (attention, une phrase simple peut être très longue si elle comporte un interminable complément d'objet !).

Il utilise des phrases interrogatives dans certains écrits (plaquettes publicitaires, Web) et une formulation interrogative indirecte pour une lettre ou une note, ou encore un compte rendu (« La Direction demande s'il est possible de… »).

Enfin, il économise les phrases exclamatives dans la plupart des écrits (dans une lettre : non ; dans l'écrit discursif ou publicitaire : oui sans excès).

La construction logique de la phrase

* Ordre et articulation des propositions subordonnées (dont..., alors que..., qui...).

* Logique d'enchaînement : sujet > verbe > adverbe/place du complément d'objet direct ou indirect.

* Utilisation de mots de liaison (articulateurs d'opposition, de conséquence, de comparaison, de restriction, d'adjonction).

* Économie de répétitions, de détails inutiles, de parenthèses.

* Utilisation restreinte des formules impersonnelles (il faut..., il convient de..., il a été décidé que...).

* Utilisation pertinente des formes passives (lorsque le sens l'exige).

Les points de veille du rédacteur

Formuler des phrases courtes autant que possible : sujet, verbe, complément direct.

Introduire au début du texte l'essentiel du message : le plus important au début, un développement ensuite, si nécessaire.

Utiliser la ponctuation qui facilite le sens, sans oublier qu'une ponctuation peut changer le sens d'une phrase.

Quelques astuces

* Pour amorcer efficacement une phrase et conduire l'intérêt du lecteur, commencer par une incise de temps (Depuis...) ou de lieu (Ici...).

* Si le verbe a plusieurs compléments, ranger le plus long à la fin de la phrase.

* Placer le complément d'objet direct ou indirect à la suite du verbe.

- Placer l'adverbe au plus près du verbe auquel il se rapporte, surtout si un complément d'objet risque de trop l'en éloigner.
- Pour mettre un mot en relief, on peut le placer en tête de phrase.

L'anacoluthe est une rupture, une brisure dans la syntaxe, généralement lorsque le début de la phrase est sans cohérence grammaticale avec la proposition principale qui suit.

Les phrases « à faute »

Voici les écueils que le rédacteur doit éviter absolument :

- la phrase maladroite ou incorrecte : chaque passage est-il bien rattaché au reste ? Chaque mot s'enchaîne-t-il avec le précédent ?
- les tournures familières : attention aux formulations proches de l'oral (est-ce que, « que » au lieu de « dont »…), il suffit de reformuler en langage soutenu pour que la tournure se modifie ;
- les fautes de logique : absence de mots de liaison, élément de phrase sous-entendu, contradiction entre les mots, désordre dans les idées, étourderie (mot illisible, sauté, mis pour un autre) ;
- la phrase à équivoque : elle ne doit pas s'interpréter de deux façons (sujet mal identifié, pronom relatif mal placé, complément ou adverbe éloigné du verbe, expression ou mot à double sens)…

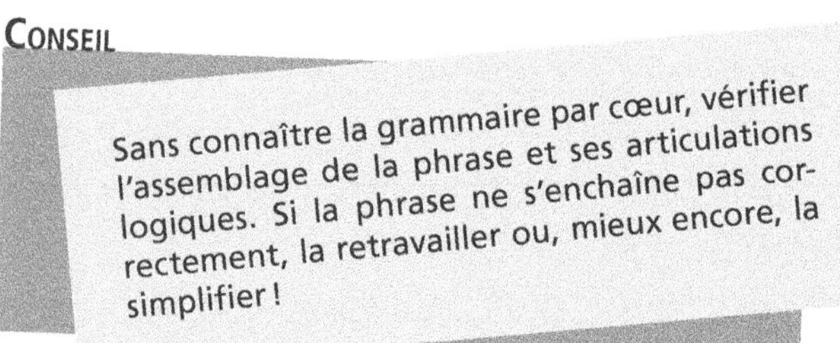

« Caressez longuement votre phrase, elle finira par sourire. »

Anatole France

Les lois de la conjugaison

À l'origine était le verbe… Il crée la vie, il induit l'action. C'est pourquoi l'attention au verbe et à ses modulations est si importante dans l'écrit.

Si, dans l'écrit professionnel, on conseille d'utiliser de préférence des « verbes d'action », c'est parce qu'ainsi on renforce le lien de sens avec l'activité.

À NOTER

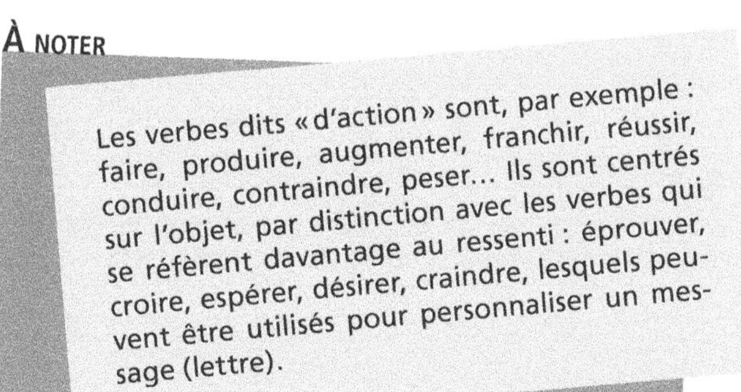

Le verbe

Le verbe est le mot qui exprime l'action faite (ou subie) par le sujet.

La locution verbale est un groupe de mots qui fait fonction de verbe : avoir raison, savoir gré, faire savoir…

Les verbes pronominaux sont accompagnés des pronoms « me, te, se, nous, vous » désignant le sujet. Ils peuvent être réfléchis (je me demande, nous nous réunissons) ou réciproques (ils se contredisent, se mettent d'accord).

Les verbes transitifs expriment une action « passant » du sujet à une personne ou une chose. Ils sont transitifs :

* directs si le complément d'objet est direct : le chef conduit l'équipe ;

* indirects si le complément d'objet est indirect : l'équipe obéit au chef.

Les verbes intransitifs expriment une idée complète de l'action et ne sont pas suivis de complément d'objet.

 **Un verbe transitif direct et un verbe transitif indirect ne peuvent s'associer avec un même complément d'objet : c'est une faute grammaticale.**

EXEMPLE

Prévoir et se préparer à la crise : formulation incorrecte (prévoir la crise – se préparer à la crise). Écrire : prévoir la crise et s'y préparer.

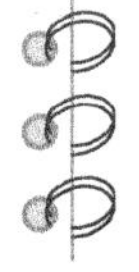

L'emploi des temps

Le temps des verbes est la forme qui permet de situer l'action à un temps précis par rapport au moment actuel : présent (temps présent), passé (imparfait, passé simple, passé composé), futur (futur simple).

Pour situer l'action par rapport à un autre moment que celui actuel, on utilise des formes composées : avant le passé (passé antérieur, plus-que-parfait), après le passé (futur du passé, futur antérieur du passé)…

CONSEIL

Dans l'écrit professionnel, on privilégie, autant que possible, les formes simples : présent, passé simple, imparfait, futur simple.

Les temps de l'écrit professionnel

Le présent exprime… le présent, mais aussi un état ou une action de caractère permanent ou durable. Il est utilisé en outre pour renforcer l'immédiateté, l'actualité du message. C'est le temps privilégié de l'écrit professionnel.

L'imparfait s'emploie pour rapporter un état antérieur, une situation précédente, un historique, éventuellement un contexte préalable au message.

Le passé simple, temps de la narration, est aujourd'hui souvent remplacé dans l'usage par le passé composé, plus proche de l'oral.

Le futur simple traduit un impératif atténué, c'est le temps de la demande, de la consigne, de la formulation d'objectif.

À NOTER

IMPÉRATIF !
L'impératif est à réserver à la consigne stricte («Pensez à votre badge»), dans une note de service par exemple. Il peut être utilisé pour des accroches publicitaires («Réservez votre été !») s'il n'est pas agressif. Il peut être suivi d'un point ou d'un point d'exclamation.

Les accords «sans faute»

Le verbe s'accorde avec son sujet, au singulier ou au pluriel. L'accord se complique souvent lorsqu'on est confronté à un participe. Voici les cas les plus courants, à réviser autant qu'il le faut.

Le participe passé

Il termine le verbe conjugué en temps composé. Il est variable et, donc, son accord est parfois ardu.

Le participe passé employé sans auxiliaire s'accorde avec le nom ou le pronom.

EXEMPLE

Les courriers distribués,... Elle arrivait, pressée.

Le participe passé employé avec l'auxiliaire « être » s'accorde avec le sujet (ou avec l'objet selon les cas) car il est son attribut.

EXEMPLE

Les consignes sont transmises.

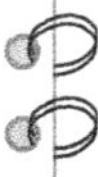

La même règle s'applique avec les verbes apparentés à « être » : paraître, sembler, devenir, se montrer, être considéré, être tenu pour...

EXEMPLE

Les objectifs semblaient tenus.

Le participe passé employé avec l'auxiliaire « avoir » s'accorde avec le complément d'objet direct si celui-ci le précède.

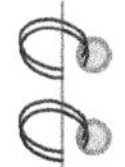

EXEMPLE

La belle période que nous avons vécue.

Si le complément d'objet direct est placé après, le participe passé « avoir » reste invariable.

EXEMPLE

Nous avons vécu une belle période.

Le participe présent

Il se termine par « -ant ». Il peut avoir…

Une valeur verbale exprimant une action, auquel cas il ne s'accorde pas.

EXEMPLE

La foule hurlant de joie.

Une valeur d'adjectif et, donc, il s'accorde au mot qu'il qualifie.

EXEMPLE

Une foule hurlante.

Gare à la faute avec le « -ant » ! On observe souvent une confusion entre l'adjectif et la forme verbale. Il faut se poser la question : « Le mot a-t-il valeur de verbe ou de qualificatif ? » Une astuce : remplacer le mot par un adjectif au féminin, l'accord se révélera possible ou non.

Pour les verbes personnels pronominaux…

… Les temps composés sont toujours formés avec l'auxiliaire « être ».

Il s'agit des verbes non réciproques.

> **EXEMPLE**
>
> S'absenter, s'abstenir, s'avérer, s'écrier…

Ou de verbes réciproques lorsque le pronom personnel peut être considéré comme complément d'objet : s'entraider, s'entraccorder…

Dans ces deux cas, le participe passé s'accorde avec le sujet.

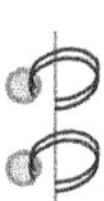

> **EXEMPLE**
>
> Hier, la réceptionniste s'est absentée.
> Tous les collègues se sont entraidés.

Pour les verbes impersonnels…

… Le participe passé est toujours invariable.

> **EXEMPLE**
>
> La masse de documents qu'il a fallu.

CONSEIL

Consulter la grammaire (Bescherelle) ou l'encadré « Participe » dans le *Dictionnaire* de A. Jouette.

Les pièges de l'orthographe

Les logiciels de correction orthographique ne dispensent pas d'une relecture. Si l'on s'y fie trop, cela peut être humoristique car ils proposent une correction au plus proche du mot saisi. Rien de tel que le « dico » pour vérifier au moindre soupçon !

Aux « faux amis », aux pièges de la langue, aux néologismes, aux anglicismes… et aux fautes de frappe !

Le pense-bête de l'orthographe

Les caprices de l'orthographe sont issus de l'histoire de la langue et de son évolution dans la graphie des mots. Latin, ancien français, mots étrangers et transformés, néologismes créés par les nouvelles technologies, tout concourt à nous faire perdre la plume…

Rien de tel qu'un bon dico à portée de main ! Les correcteurs d'édition vérifient sans cesse, c'est à cette manie qu'on reconnaît les « pros ».

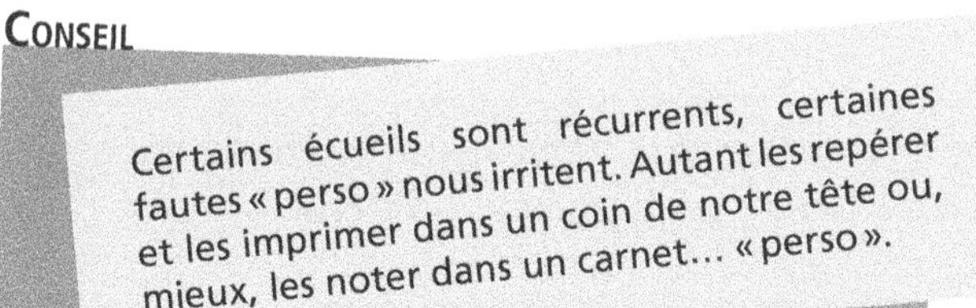

Quelques graphies « à faute »

à/â

La graphie « â » apparaît à l'initiale ou entre des consonnes d'un mot : âme, blâme, grâce…

La graphie « à » apparaît en finale : au-delà, celui-là, déjà…

-ment/-mant

L'adverbe dérivé d'un adjectif se terminant par « -ent » finira par « -emment » : fréquent – fréquemment, prudent – prudemment…

S'il dérive d'un adjectif se terminant par « -ant », il finira par « -amment » : courant – couramment, constant – constamment…

-in/-im

Le préfixe privatif « -in » prend un « m » devant les lettres « p » et « b » : inégal, improbable – insuffisant, impatient…

-p/-pp

Pour savoir si un mot prend un ou deux « p », il faut se référer à son étymologie : apraxie (a-praxie) – apologie (apo-logie) – hippo-potame (hippo-potame)…

tt

Les deux « t » (tt) apparaissent souvent entre deux voyelles ou avant un « e » muet : acquittement – littéral – flotte…

g/gu

La lettre « g » peut précéder « a, o, u, l, r » : gouvernement, congrès…

Elle vient en finale pour des mots d'origine anglaise : gag, gang…

La graphie « gu » apparaît devant les lettres « e, ê, é, è, i, y » : guêpe, guerre…

s/c/ç

Le son « s » s'écrit « s » à l'initiale, à l'intérieur du mot, ou en finale devant un « e » muet : absolu, obstacle, bourse…

Il s'écrit « c » devant les voyelles « e, i, y » : concert, ceci, cycle…

Il s'écrit « ç » devant les voyelles « a, o, u » : façade, façon…

-sion/-ssion/-tion

La finale « -sion » vient derrière une consonne : expulsion, version…

La finale « -ssion » apparaît après une voyelle : possession, commission, passion…

On trouve la finale « -tion » après une voyelle ou une consonne : nation, aération mention, faction…

S'il n'y a pas de règle, on observe :

• après un « l », on aura « -sion » : émulsion ;

• après les consonnes « p, c » et les voyelles « o, au », on aura « -tion » : notion, caution…

-re

Les mots terminés en « -re » sont aussi bien féminins que masculins : auditoire, laboratoire, territoire…

Pour vérifier leur genre, il faut consulter le dictionnaire.

Les pluriels

Le pluriel se forme généralement en ajoutant un « s » à la fin du mot.

Les mots en « -eu » et « -(e)au » ont un pluriel en « x » à la fin : feu, feux – cadeau, cadeaux.

Les noms et adjectifs se terminant par « s, x, z » ne prennent pas la marque du pluriel : heureux – joyeux…

Les mots en « -ail » ou « -al » ont un pluriel en « -aux » : travail, travaux – bail, baux… Mais il y a des exceptions : éventail, banal, carnaval, festival, final…

Certains mots ne s'emploient qu'au pluriel : agissements, aguets, confins, pourparlers, doléances, arrhes…

Pour vérifier leur genre, il faut consulter le dictionnaire.

Le pluriel des mots composés

Il dépend du sens de chacun des mots. Voici quelques règles générales :

* seuls le nom et l'adjectif prennent la marque du pluriel : rouges-gorges ;

* le verbe ne prend jamais la marque du pluriel : casse-noisettes ;

* pour les couleurs composées, pas de pluriel : des pulls rose pâle ;

* le mot invariable reste invariable : avant-premières…

Il y a des exceptions, comme toujours ! Par exemple : les ayants droit (autrefois, le participe présent prenait la marque du pluriel).

Conseil

En cas de doute sur un pluriel, il faut consulter le dictionnaire. Plus on vérifie, plus on acquiert toutes les nuances et les exceptions de la langue française.

Quelques formules « à faute »

En termes de... (et non pas : en terme de)	« En termes de » fait référence à une terminologie (= avec les mots de). Toujours au pluriel. « Terme » désigne soit un mot, soit plus généralement la fin (le terme de).
A pour vocation de... (et non pas : a vocation à)	Pour l'élégance du style, éviter l'allitération « a/à » et, pour la correction d'expression, éviter l'ellipse.
Ou... (et non pas et/ou)	« Ou » suppose que le terme suivant soit ajouté (et) ou en option (ou). L'usage de « et/ou » provient de l'informatique (structure binaire) et n'est pas correct d'un point de vue rédactionnel.
Ou bien, ou bien/soit, soit	Ou bien... ou bien : pour introduire deux propositions verbales. Soit..., soit... : pour des propositions non verbales.
Quelque, quelques	Quelque (= environ) : adverbe, donc invariable. Quelques : adjectif indéfini, donc s'accorde.
Deuxième/second(e)	Deuxième : lorsque l'énumération va ou peut aller au-delà de deux. Second(e) : quand l'énumération s'arrête à deux.
Nous étions convenus... (et non pas : nous avions convenu de...)	À conjuguer avec l'auxiliaire « être ».
Par exemple... (et non pas : comme par exemple)	Redondance entre « comme » et « par exemple ».
Outre... (et non pas : en outre de...)	Par exemple : outre cette raison...
Pallier... (et non pas : pallier à...)	Par exemple : pour pallier cet inconvénient.

Résoudre… (plutôt que : solutionner)	« Solutionner » existe mais ce mot est critiqué, ressenti comme administratif, peu élégant.
D'autant plus que… (et non : surtout que)	Formule maladroite.
Je vous saurais gré (et non : je vous serais gré)	De « savoir gré » (et non pas « être gré »).
Soi-disant (et non : soit-disant)	Adjectif invariable. Il ne s'applique qu'à l'être humain « se disant tel » (donc ni à une chose ni à quelqu'un qui contredirait).
Il a acquis la formule… (et non : il a acquit la formule)	Avec un « s », du verbe « acquérir ». Ne pas confondre avec « acquit », nom de la famille du verbe « acquitter ».
Nous avons un différend (et non : un différent)	Différend : contestation. Différent : adjectif (un avis différent).

Le sens de la ponctuation

La ponctuation, c'est le rythme de la phrase. Mais pas seulement ! Sa fonction ne se réduit pas à une fluidité respiratoire et il faut relativiser le précepte : lisez à voix haute votre rédaction et, si vous n'avez plus de souffle (comme si tout le monde avait le même), mettez une virgule !

Le rythme, comme en musique, est une question de structure. La ponctuation sert à découper les différents composants de la phrase et obéit à des règles de sens très strictes.

Une bonne ponctuation :

- facilite la lecture pour le destinataire ;

- maintient son attention et permet de suivre le sens ;

- évite les mauvaises interprétations.

Le sens des signes de ponctuation

Un signe de ponctuation mal placé peut changer le sens de la phrase.

EXEMPLE

« La délégation ne viendra pas, comme prévu. »

La délégation ne viendra pas, comme il était prévu (qu'elle ne réponde pas à l'invitation ou qu'elle s'abstienne de venir…).

« La délégation ne viendra pas comme prévu. »

La délégation ne viendra pas comme il était prévu (jour de visite…), mais il est possible qu'elle vienne selon d'autres modalités.

Autre exemple

« Venez manger, mes amis. »

Il s'agit bien d'une invitation, interpellant les amis.

« Venez manger mes amis. »

L'invitation consiste à manger les amis, ceux-ci devenant le complément d'objet direct du verbe « manger » car sans virgule de séparation.

Dans une phrase, la ponctuation marque :
– le rythme ;
– le sens.
Le rythme et le sens = la structure de la phrase.

Les règles de ponctuation

Le point Il indique la fin d'une phrase. Il sert aussi à mentionner les abréviations.	.
Le point d'interrogation Il s'emploie après toute phrase exprimant une interrogation directe. On ne met pas de point d'interrogation après une interrogation indirecte.	?
Le point d'exclamation Il se met après une phrase exclamative, une exclamation ou une interjection.	!
Le point-virgule Il sépare, dans une phrase, les parties dont une au moins est déjà subdivisée par une virgule. Il sépare des propositions de même nature qui ont une certaine étendue. Il est précédé et suivi d'une espace insécable.	;
La virgule Dans une phrase, elle divise des éléments semblables non reliés entre eux par des termes de coordination « et, ou, ni » ou de subordination « parce que… ». Dans le cas de répétitions utilisant des conjonctions de coordination, on peut insérer une virgule : « Ceci ou cela, ou cela, ou encore cela… » Elle sépare tout élément ayant une valeur purement explicative. Elle isole les mots en apostrophe, ou qui forment un pléonasme ou une répétition. Dans un groupe de propositions, elle sépare plusieurs propositions de même nature juxtaposées. Elle se met après un complément circonstanciel placé en tête de phrase, sauf si le verbe suit immédiatement. Elle marque l'ellipse d'un verbe ou d'un mot exprimé précédemment.	,

Mais où est donc Ornicar ?

Mais… ou… et… donc… or… ni… car… Les conjonctions de coordination, comme leur nom l'indique, coordonnent et ne peuvent pas être utilisées pour séparer les éléments de la phrase. Donc, il ne faut pas mettre de virgule avant. Éventuellement, on peut en mettre une après si une incise suit !

Exemples : Il ne fait ni chaud ni froid (et non pas : ni chaud, ni froid). Elle est courtoise et compétente. Voulez-vous un rendez-vous cette semaine ou dans un mois? (et non pas : cette semaine, ou…). Je ferme mon ordinateur car il est tard. Dans le cas d'une incise, la virgule marque le début et la fin de cette incise : j'arrête de travailler car, les bureaux fermant à 19 heures, je dois partir.

Le deux-points Il s'emploie pour annoncer une citation, un discours direct, pour introduire une analyse, une explication, une conséquence ou la synthèse de ce qui précède. Il est suivi et séparé d'une espace insécable.	:
Les points de suspension Ils indiquent que l'expression de la pensée reste incomplète. Pas d'espace avant les points de suspension.	…
Les parenthèses Elles s'emploient pour intercaler une indication accessoire dans une phrase. À l'intérieur, pas d'espace entre la parenthèse (ouvrante et fermante) et les mots. À l'intérieur d'une citation, on utilise les crochets : […].	( )
Les guillemets Ils s'emploient pour encadrer une citation, un discours direct, pour signaler un mot emprunté ou détourné de son usage courant, ainsi que pour les titres d'articles de journaux. Il existe deux sortes de guillemets : à la française : « … » (doubles chevrons); à l'anglaise : "…" (virgules droites ou retournées). Il convient, en langue française, d'utiliser les guillemets à la française. Lorsqu'il y a des guillemets à l'intérieur de guillemets français (citation, par exemple), on utilise les guillemets à l'anglaise. Pour les titres d'articles en anglais, on utilise les guillemets à l'anglaise.	« … »
Le tiret Il s'emploie dans un dialogue, pour une énumération, en remplacement des parenthèses pour une incise (l'incise est alors comprise entre deux espaces insécables). Ne pas confondre avec le trait d'union qui est plus court !	–

<table>
<tr><td>L'astérisque
L'appel de note
L'un et l'autre sont utilisés pour renvoyer à une note, généralement en caractères plus petits en bas de page.
À choisir pour signaler l'appel de note, à harmoniser dans tout le document.</td><td>*
(1)
ou
1</td></tr>
</table>

Les règles typographiques

L'écriture professionnelle intègre nécessairement les règles du code typographique, tout particulièrement pour les éléments récurrents dans la communication d'entreprise :

• l'usage des majuscules ;

• la graphie des chiffres ;

• les formes d'abréviations.

L'origine du code typographique

La typographie, art d'assembler les caractères mobiles, est une technique mise au point vers 1440 par Gutenberg. Au XIXe siècle, l'essor de l'imprimerie a donné naissance au code typographique, généralisé au monde de l'édition. L'ère de l'élite qui se réservait la lecture, ou des copistes qui en gardaient le secret, était révolue.

La généralisation des règles a eu pour finalité de faciliter la lecture au plus grand nombre de lecteurs. À l'heure actuelle, c'est pour être lu dans la masse des écrits que l'on va suivre des règles qui ne vont pas distraire le lecteur de notre texte.

Le « code typo » est la référence qui décrit les règles de composition d'un texte. En France, il y a le *Code typographique* de la CGC (Confédération générale des correcteurs) et le *Lexique des règles typographiques* de l'Imprimerie nationale. Cependant, il existe plusieurs codes typographiques selon les conventions adoptées par un journal ou à travers une charte rédactionnelle « maison ». Mais, dans les chartes d'entreprise, les divergences concernent essentiellement l'usage des majuscules qui ont parfois des valeurs de culture d'entreprise. Un chef doit-il absolument avoir sa majuscule ? Le code typo peut y répondre.

> *« Les majuscules sont*
> *des coups de chapeau*
> *calligraphiques. »*
>
> Louis Jouvet

Pourquoi le code typo aujourd'hui ?

Plus que jamais, dans le raz-de-marée des écrits, il importe de revenir à des règles de base qui ont eu le mérite d'être étudiées pour la lisibilité et seulement dans ce but. Car, si l'écrit d'entreprise, malmené, influencé par la publicité, les médias, joué façon « sms » ou « djeuns », respecte trop peu le code typo ou, pire, les règles du « bien écrire », il se voue tout seul à sa perte. Il perd de sa lisibilité et de sa valeur.

En effet, respecter les règles typographiques, au moins les plus élémentaires, permet un repérage des mots, des noms, du sens du message, de l'organisation du texte.

Apprendre quelques règles et les vérifier en autocorrection prend quelques minutes qui donneront une durée de vie un *iota* supérieure à un texto.

Le code typographique

Les majuscules

On compose avec une capitale :

- le mot qui commence une phrase ou une citation complète ;
- les patronymes, les prénoms, les surnoms ;
- les marques déposées, les titres d'œuvres ;
- les noms de peuples, d'habitants de régions ou de villes (mais le nom des langues commence par une minuscule) – par exemple : les Anglais, je parle anglais ;
- les institutions lorsqu'elles sont uniques – par exemple : l'Université.

T'es cap ou bdc ?

En langage d'imprimerie, on dit :

- « capitales » ou « cap » pour les majuscules ;
- « bas de casse » ou « bdc » pour les minuscules.

En effet, dans la « casse » (grande boîte divisée en casiers contenant les caractères d'imprimerie) du typographe, les minuscules se situaient en bas, d'où : bas de casse.

Les sigles

Le code typo prévoit plusieurs manières, à choisir sous condition d'appliquer une règle homogène dans tous les écrits d'un même émetteur (organisme, éditeur, journal). Ils peuvent s'écrire tout en majuscules sans séparation ni points. Si le sigle est prononcé comme un mot ordinaire (on l'appelle dans ce cas « acronyme »), il s'écrit comme un nom propre.

EXEMPLE

SNCF, RATP, HEC…
Assedic, Unicef, Cedex, Unesco…

Les titres de civilité

Les titres de fonction prennent une majuscule lorsqu'on s'adresse à la personne. C'est la règle pour les correspondances (lettre, courriel).

> **EXEMPLE**
>
> Monsieur le Directeur, Monsieur le Ministre, Monsieur le Président, Madame la Directrice (attention, certaines exigent qu'on les appelle «directeur»; dans ce cas, il faut respecter le souhait)…

Les titres de fonction s'écrivent entièrement en minuscules lorsqu'on les évoque à la troisième personne. L'explication : il n'y a pas qu'un seul maire ni une seule directrice. Avec quelques exceptions : le Premier ministre…

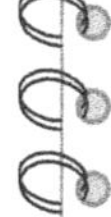

> **EXEMPLE**
>
> … le maire de la ville, le directeur du service…, le président du conseil d'administration… et même : le président de la République!

Les abréviations de mots

Une abréviation qui ne se compose que des premières lettres du mot se termine par un point (référence = réf.).

Une abréviation qui se termine par la dernière lettre du mot ne comporte pas de point final (boulevard = bd).

L'abréviation d'un groupe de mots ne comporte aucun point (SVP ou svp).

Etc. comporte toujours un seul point (jamais de points de suspension ni de virgule ajoutée).

Les abréviations des titres de civilité

Les titres de civilité abrégés s'écrivent obligatoirement comme suit :

- M. pour Monsieur ;
- MM. pour Messieurs ;
- Mme pour Madame ;
- Mmes pour Mesdames ;
- Mlle pour Mademoiselle ;
- Mlles pour Mesdemoiselles ;
- Dr pour Docteur ;
- Pr pour Professeur ;
- M^e pour Maître.

 **Ne pas confondre M. (Monsieur) avec Mr (abréviation, en anglais, de *Mister*) !**

Les abréviations des nombres ordinaux

Premier, premiers, première, premières	1er, 1ers, 1re, 1res
Deuxième, deuxièmes	2e, 2^{es}
Troisième, troisièmes	3e, 3^{es}
Primo, secundo, tertio	1°, 2°, 3°

Les titres et les intertitres

Ils ne comportent jamais de point final. Si le titre est long, on peut le découper avec des virgules mais jamais de point-virgule.

Les énumérations

Elles sont introduites par deux-points (:). Puis chaque item, dont la première lettre est en bas de casse, est précédé d'un tiret ou d'une puce et se termine par un point-virgule, le dernier se terminant par un point final.

Si l'énumération nécessite une numérotation (car étapes chronologiques par exemple) alors la première lettre est en capitale et se termine par un point-virgule, la dernière étape se terminant par un point final. Attention : pas de point-virgule à la fin du terme énuméré s'il se termine par « ! » ou « ? ».

Si l'énumération est de second rang ou une simple liste de mots, on utilise la virgule.

Les nombres et les chiffres

Les nombres s'écrivent en toutes lettres lorsqu'ils commencent une phrase, s'ils sont inférieurs à 10 ou s'ils indiquent une durée (trois heures, sept ans).

Les nombres en dessous de cent s'écrivent avec un trait d'union (vingt-sept).

Ils s'écrivent en chiffres arabes dès qu'il s'agit d'une indication exacte, de type statistique ou donnée chiffrée (125 000 abonnés). De plus, les chiffres arabes sont impératifs pour les âges (35 ans).

Pour les montants, on met une espace insécable avant l'abréviation de la monnaie (38,72 €).

Pour séparer la décimale des unités, on utilise la virgule (76,47).

Les pourcentages comportent des virgules et non des points (3,25 %), et toujours une espace insécable entre le chiffre et %.

On ne sépare pas les tranches de trois chiffres dans les cas de code de numérotage (postal, matricule, article de loi).

On ne met jamais de point dans un chiffre entre la fraction des mille et des centaines : 1320 (et non pas : 1.320).

Les dates

Les dates s'écrivent en chiffres arabes pour le jour et l'année, en toutes lettres pour le mois : 21 juillet 2011.

Pour les périodes historiques, on écrit : les années 60, soixante ou 1960 ; la troisième République ou la IIIe République ; le IVe millénaire (ces derniers exemples sont en chiffres romains et avec l'abréviation en exposant)…

On écrit : la Grande Guerre, la Première Guerre mondiale, la Seconde Guerre mondiale, la guerre de Cent ans, la guerre de Sécession, le Second empire, l'empire des Indes…

Les horaires

Pour indiquer un horaire, les abréviations utilisées sont : h pour l'heure (et non H), mn pour les minutes (pas de pluriel). La présentation exigée est : 13 h 20 (et non pas : 13 H 20), en laissant une espace insécable entre les chiffres et les abréviations.

Les numéros de téléphone

Même si le code typo prévoit éventuellement un point par groupe de deux chiffres, l'usage est désormais, plus lisible, de laisser un blanc sans point ni tiret : 00 00 00 00 00.

Les adresses postales

Pour faciliter le tri postal, on écrit les adresses sans abréviations, sans majuscules généralisées et sans ponctuation.

Cedex signifie : courrier d'entreprise à distribution exceptionnelle. Ne s'écrit pas tout en majuscules, seulement le C.

Le gras ou l'italique

Les caractères gras mettent en relief un mot ou une phrase en particulier. À condition de ne pas en abuser.

L'italique est une manière d'accentuer le sens d'un mot ou d'un groupe de mots (attention : il resserre les caractères et rend moins lisible un texte long). Il est davantage réservé aux mots étrangers, aux citations.

La ponctuation

Les règles de ponctuation relèvent autant du code typographique que de la structuration du texte (cf. les règles de ponctuation, p. 108 et suivantes).

Les techniques complémentaires

Les règles strictes applicables à tout écrit s'associent à des techniques complémentaires indispensables pour finaliser le travail du rédacteur. Le texte doit être « lié, habillé, structuré, lisible ». Dans la masse des écrits professionnels, les qualités suivantes font la différence :

1. L'art de la liaison. La langue prévoit des termes qui permettent l'articulation entre les mots et la bonne relation avec l'ensemble des phrases ;

2. La structure du texte. Les phrases et les paragraphes sont agencés de manière à bâtir une architecture du texte qui soit en accord avec le développement de la pensée et la circulation aisée du sens ;

3. L'habillage du texte. La structure du texte est rendue visible par l'habillage (titrage), c'est-à-dire par les éléments de repère qui

permettront de suivre le fil conducteur, la déclinaison du sujet, les différents niveaux de lecture ;

④ La lisibilité. Un texte est destiné à être lu. Une évidence… mais une qualité parfois sous-estimée dans le travail du rédacteur. Or, la lisibilité d'un texte n'est pas totalement au bon gré du lecteur. Plusieurs critères permettent d'y veiller, dès la rédaction ;

⑤ La réécriture ou *« rewriting »*. En milieu professionnel, le texte est souvent le fait de plusieurs « auteurs ». Le professionnel désigné comme « rédacteur » peut aussi être le « rewriteur » qui va reformuler le texte collectif ou d'expert, dans une finalité de lisibilité et d'adaptation aux lecteurs.

L'art de la liaison

Un texte bien écrit comporte des mots de liaison : les articulateurs. D'une phrase à l'autre et à l'intérieur de chaque phrase, ils permettent une articulation souple et apportent un supplément de sens, tout en mettant en valeur l'évolution de la pensée. Ils contribuent au bon fonctionnement de la phrase.

Dans l'écrit professionnel, les articulateurs ont une fonction opérationnelle à ne pas négliger : l'emploi de l'un plutôt qu'un autre renforce l'efficacité du message, l'accessibilité des informations.

Trop souvent, le rédacteur réduit son échantillon d'articulateurs à quelques mots surexploités. Or, s'il élargit son *staff* d'articulateurs, son écrit sera d'un plus haut niveau professionnel et d'une lecture plus confortable.

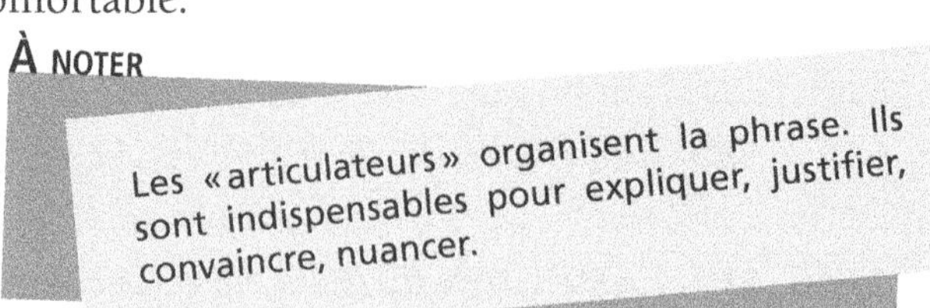

Les articulateurs

Il existe cinq catégories d'articulateurs, chacune répondant à une fonction : l'opposition, la conséquence, la comparaison, la restriction, l'adjonction.

Opposition

En revanche, ou (bien)/ou (bien)…, pourtant, mais, contrairement à, au contraire, à l'inverse, néanmoins, d'une part/d'autre part…, toutefois, cependant.

Conséquence

Donc, en effet, car, puisque, par conséquent, en conséquence, si bien que, c'est pourquoi, dès lors, en ce cas, dans ces conditions, ainsi, aussi, or, alors, d'où, parce que, afin que, pour que.

Comparaison

Comme, de même, également, ainsi que, de même que.

Restriction

Sauf, à l'exception, même si, à moins de, du moins, mais, quoique, de toute façon, si tant est que, si encore, pas même si, à condition que, pour autant que, bien que, encore que, pourvu que, toutefois.

Adjonction

Et, encore, non seulement… mais encore, de nouveau, de plus, en outre, bien plus, d'autant que, d'ailleurs, du reste, aussi, de surcroît, également, puis, enfin, ensuite, en même temps.

La structure du texte

Dans l'écrit professionnel, on doit être efficace et gagner sur le temps de compréhension. On évitera absolument les libertés littéraires ou les tentations d'esthétisme, ou encore les complications savantes.

La structure doit obéir à la nécessité de relier les phrases entre elles, puis les paragraphes entre eux, afin de construire un texte bien architecturé, avec ses différents niveaux qui permettent une circulation aisée du sens.

Les phrases doivent être rassemblées en paragraphes. Pour lier une idée à une autre, il suffit souvent de quelques mots d'articulation (par conséquent, par ailleurs, en revanche…) ou d'une formulation simple (au regard de ce constat, des statistiques permettent de nuancer…). On prolonge l'idée à la phrase suivante, on la développe dans le paragraphe.

Un jeu de construction

Dans un écrit professionnel, il est conseillé de regrouper les phrases « par idée », donc une idée par paragraphe.

Pour chaque point de développement différent (si l'on passe à autre chose, à une autre étape), on crée un autre paragraphe.

À l'inverse, trop morceler le texte pour « aérer » donne une impression flottante à l'ensemble.

Si le document à écrire est long

Les subdivisions du texte vont naturellement se multiplier si les contenus nécessitent cette déclinaison.

Il convient de commencer un paragraphe par une phrase d'annonce de l'idée « nouvelle » abordée et qui fait lien avec le paragraphe précédent.

Un sommaire, au début du document, aide le lecteur à se repérer, ou lui permet de choisir le point qui l'intéresse directement ou d'y revenir si besoin.

La structuration d'ensemble ne doit pas multiplier inutilement les parties et les sous-parties car elle doit faciliter le repérage des contenus et non pas les rendre plus difficiles d'accès.

- – Éviter les phrases longues, encombrées, alambiquées.
- – Un seul « propos » par phrase (1 ou 2 subordonnées qui en dépendent).
- – Éviter les paragraphes trop longs et, à l'inverse, le morcellement.
- – Développer une idée par paragraphe.
- – Adapter l'écrit au destinataire (cible).
- – Penser aux critères de lecture. Si la phrase comporte en moyenne :
  - • 15 mots : elle convient à un public de niveau moyen (grand public) ;
  - • 20 mots : elle convient mieux à un public de niveau dit « supérieur ».

L'habillage du texte

Bien structuré, bien bâti, le texte reste… à « habiller » ! L'« habillage » du texte consiste à signaler ses différentes parties en intégrant des titres, des sous-titres et autres indicateurs de sa structure qui permettent le repérage de l'organisation du document. Le repérage, indispensable dans tout texte, sera décliné selon la longueur et la complexité du document.

Dans les rapports, les comptes rendus, les points de situation, l'insertion de titres et de sous-titres devient indispensable. La logique du texte doit être visible, pour que le message soit lisible par le lecteur.

L'introduction

À la manière du « chapô » de l'article de presse, l'introduction est indispensable lorsque :

- le texte est long ;
- le message essentiel réclame un préambule pour sa compréhension ;
- l'information principale doit être visible immédiatement.

L'introduction doit être courte, rassemblant, en deux à cinq lignes, le contexte dans lequel se situent le message et l'information de fond.

Dans le cas de textes destinés à un blog, à une *newsletter*, à une publication professionnelle (journal interne, bulletin d'information pour les clients, les partenaires), l'introduction doit présenter les caractéristiques du « chapô » journalistique, lequel est court, dans une typographie différente du corps de texte. Elle peut résumer l'information apportée ensuite dans le texte ou présenter un échantillon d'informations pour retenir l'attention du lecteur.

Le titrage

Un document écrit est toujours « nommé », au moins dans la mention de son « objet » (note, courrier). Il porte un titre (ou « intitulé ») lorsqu'il est long ou complexe pour nommer un rapport, une étude, une synthèse. Un article de presse ou pour le Web porte toujours un titre. Le titre est une « accroche » ou un condensé de l'information principale.

Pour les textes très longs (rapports), les intertitres peuvent être nécessaires. Lorsque plusieurs paragraphes se succèdent, il est recommandé d'insérer des sous-titres. La hiérarchie descendante est la suivante : titre, sous-titres, intertitres.

> Le titrage permet :
> – la structuration du texte par thème, par idée ;
> – la conduite du raisonnement, de l'argumentation ;
> – le repérage aisé et immédiat lors de la lecture.

Les types de titre

Comme une annonce, le titre doit constituer un signal pour le lecteur. Il a deux fonctions :

- attirer l'attention du lecteur ;
- délivrer un message.

Il doit être court, concentré, simple. Il existe deux types de titre (ou « accroche » selon le terme journalistique) :

* le titre informatif : il donne l'essentiel d'une information ;

* le titre incitatif (ou « titre formule ») : peu informatif, il est formulé pour accrocher, surprendre le lecteur.

Les intertitres constituent des repères secondaires, comme des jalons posés ou des respirations pour la lecture de textes longs et denses.

Les règles de présentation des titres

Les titres et les sous-titres doivent apparaître dans une typographie différente de celle du texte, et selon une hiérarchie qui, visuellement, rend visible la déclinaison du sujet (du plus au moins important).

Les intertitres doivent être discrets pour ne pas brouiller le repérage : en italique, généralement dans le même corps que le texte.

Les titres, les sous-titres et les intertitres peuvent comporter des signes de ponctuation – virgule, deux-points – mais jamais de point final.

On ne doit pas faire de césure (coupe d'un mot) : si le titre est long, il est recommandé de couper entre deux mots de façon pertinente et d'aller à la ligne.

EXEMPLE

Titre en capitales (majuscules), gras, grands caractères.

Sous-titres en gras, corps moins important que le titre mais plus important que le texte.

Intertitres en italique du même corps que le texte.

La lisibilité

Le texte professionnel, dont chaque mot est nécessaire, est rarement lu en entier ! Même une lettre est parcourue rapidement, reprise éventuellement si elle contient des informations dans l'intérêt direct du lecteur. Tout autre support, dans les flux d'écrits quotidiens de l'activité, est balayé du regard. Si le texte est obscur, compact, il sera remisé – en attente ? – et, s'il est perçu néanmoins comme important, il sera assimilé avec effort… et il court le risque d'être mal digéré. C'est pourquoi le rédacteur va œuvrer à la lisibilité.

Toute rédaction obéit aux règles de la lisibilité. Si la littérature ouvre les portes à la créativité et à des écarts possibles, l'écrit professionnel, en revanche, exige une grande rigueur et bannit les extravagances et les complaisances. Au travail, il n'est pas question de jouer les Proust ni même les experts en langage « technico-ésotérique » !

Le « b.a.-ba » de la lisibilité

En amont, le rédacteur a réfléchi au message afin qu'il soit porté efficacement par le texte. Le principe de base est de rédiger un texte clair, immédiatement accessible. Dans ce but, le rédacteur bannira le superflu, l'anecdote, la digression, les retours en arrière inutiles, la tentation de jouer les plumes savantes.

Autre principe, un texte « pro » comporte un seul message essentiel, bien dégagé et décliné logiquement. Dans le cas d'un document lourd et complexe (rapport, compte rendu), chaque partie présente également cette caractéristique : un message par partie, une idée par sous-partie ou par paragraphe.

Les « trucs » pour être lisible

Dès la rédaction, il existe quelques « trucs » qui vont favoriser la lisibilité :

- faire des phrases simples (sujet, verbe, complément) autant que possible, en évitant les phrases complexes (avec des subordonnées). En principe : un propos par phrase ;

- utiliser des mots courts, les mots avec des syllabes à rallonges sont plus difficiles à l'œil ;
- organiser le texte en paragraphes reliés logiquement les uns aux autres ;
- penser au lecteur : à l'effort du rédacteur pour faire tenir une phrase aux ramifications compliquées… correspondra un effort bien plus grand du lecteur pour pouvoir entrer dedans !

Après la rédaction, le premier « truc » est de se relire ! Mais il y a toutes les chances de comprendre le texte… puisqu'on l'a écrit. Alors, la tierce personne (ni rédacteur ni récepteur) peut aider. Encore faut-il que cette personne soit neutre et, bien mieux, qu'elle corresponde à la cible : grand public ou hyperexpert ?

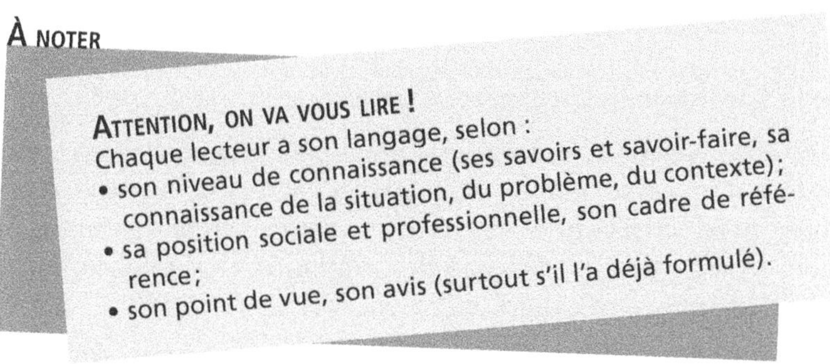

Les critères de lisibilité

Les efforts du lecteur, ça se calcule !

Pour les textes qui font plus de 80 lignes, pour les phrases qui font plus de 12 mots, pour les mots qui contiennent plus de 3 syllabes, il doit faire un petit effort.

Pour une phrase de longueur moyenne (20 à 30 mots), il retient moins la seconde moitié que la première. Au-delà de 40 mots, il n'a pas mémorisé une bonne partie de la phrase.

Ces indicateurs reconnus valent pour un article de journal comme pour un écrit professionnel.

La lecture sur écran

Les lecteurs liraient 25 % moins vite sur l'écran de leur ordinateur que sur papier ; 79 % des utilisateurs parcourent toujours une page (comme en « scannant ») en arrivant dessus, seulement 16 % la liraient mot à mot.

L'écran exige un effort plus grand de lecture (l'œil lit plus lentement), ce qui accentue la nécessaire lisibilité du texte et le bon repérage des informations (titrage).

La réécriture ou « *rewriting* »

Le rédacteur professionnel est naturellement désigné pour retravailler un texte brut, ou produit par un spécialiste, ou collectif, ayant fait l'objet de plusieurs contributions.

Sans être rédacteur, tout professionnel peut être amené à réécrire le texte d'un collaborateur : le manager reprend le message qu'on lui propose, l'assistant(e) améliore le texte de son hiérarchique ou ceux de son service, le chargé de communication reformule une base fournie par un expert, etc.

Le « *rewriting* », couramment pratiqué en édition, est très largement répandu dans de multiples domaines d'activité. Or, rien n'est plus subtil et parfois difficile que de reprendre le texte d'une autre personne, même lorsque cette intervention est requise, admise, acceptée.

Réécrire, c'est quoi ?

Il s'agit de :

- se réécrire soi-même, réécrire le texte d'un autre rédacteur ;
- reformuler un texte proposé par un collaborateur, un autre service, pour lui donner une « plus-value » de lisibilité.

Dans les entreprises privées ou publiques, les intervenants sur un même texte peuvent se multiplier, pour des questions de vérification, de validation, de compléments. La plume « tiers » intervient ! Pour que ce soit sans mal et, surtout, que ce soit une amélioration du texte, voici quelques principes.

 **L'écrit est sensible. Sa valeur symbolique forte provoque toutes les réactions : on le sacralise, on le juge, on l'investit d'émotions… Celui qui doit remettre son texte à un « pro » craint… la correction !**

Le b.a.-ba du tiers plume

Difficile de réécrire ou seulement de corriger le texte d'un autre ! Quel que soit le lien entre le « tiers » – celui qui intervient entre l'émetteur et le récepteur – et « l'auteur » du texte, l'exercice est délicat.

EXEMPLE

Le rédacteur initial a une certaine sensibilité concernant son écrit : toute correction va interpeller son savoir ou son « savoir écrire ».

Si le rédacteur initial est un supérieur hiérarchique, même s'il a sollicité la réécriture, il aura une certaine idée de ce qu'il faut dire et comment.

Si un hiérarchique demande à un subalterne de revoir le texte d'un autre collaborateur, ce dernier peut se sentir remis en cause dans ses compétences (sur le fond ou sur la forme)…

Méthodo

Avant

• Si possible, informer le rédacteur initial de l'intervention et indiquer la raison : demande d'un hiérarchique, sollicitation d'un service, tâche intégrée dans un processus de réalisation.

- Identifier la demande de réécriture, surtout si le demandeur est un tiers (autre que le rédacteur initial), afin de saisir la problématique posée par le texte (si la demande est exceptionnelle) ou de caler son intervention sur le processus (étape de relecture avant et après quelle autre étape ?), ou encore d'apercevoir si le demandeur (manager, collaborateur) a une intention cachée ou implicite…

Pendant

- Faire la distinction entre les corrections absolument nécessaires (règles, compréhension) et les modifications éventuelles et souhaitables (pour optimiser le message).
- Respecter le style si le texte a une valeur intellectuelle attachée à son auteur (chercheur, spécialiste…).

Après

- Dans tous les cas, justifier positivement (ni critique ni jugement) les amendements à apporter au texte : expliquer les corrections (règles grammaticales, typographiques…), montrer la plus-value apportée au texte (lisibilité, efficacité…).
- Être à l'écoute du rédacteur initial lors d'objections concernant les modifications suggérées, même si celles-ci sont nécessaires : l'échange peut être l'opportunité de mieux comprendre le sens, l'intention du message.

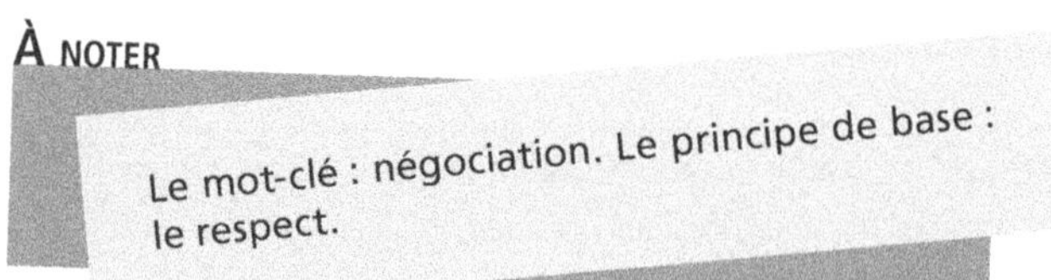

Les points de veille de la réécriture

Chasser les redondances.

Éviter les encombrements.

Examiner la connotation des mots et des formulations négatives : opter pour un langage positif.

Varier le vocabulaire pour une plus grande précision du sens.

Et, bien sûr, corriger l'orthographe, vérifier la syntaxe, examiner le repérage de la structure…

Les « plus » de l'écrit professionnel

Avec les techniques de base de la rédaction, les règles normatives (grammaire, code typographique) et la bonne maîtrise de la langue (vocabulaire, orthographe), le rédacteur professionnel possède les atouts qui vont distinguer son texte de la masse des milliers d'autres.

Avec les « plus » liés aux qualités de l'écrit « actif », le rédacteur vise directement la zone d'efficacité où son texte aura les meilleures chances d'atteindre l'objectif du message.

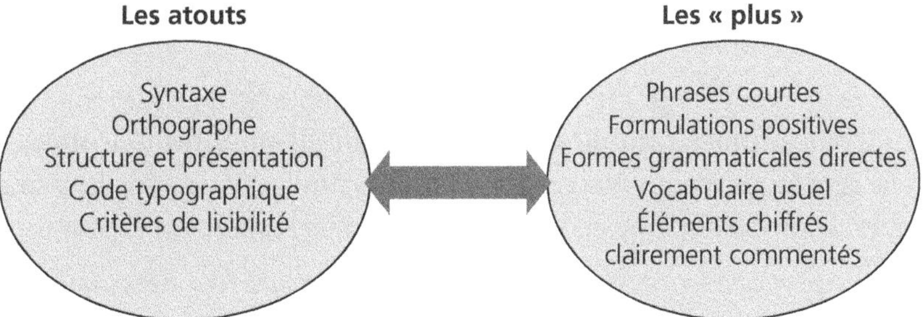

La double mise du rédacteur

L'argumentation

L'argumentation est une démarche pour amener un public (auditoire ou lecteurs) à adhérer à un point de vue auquel, auparavant, il n'était pas acquis ou était opposé. Il s'agit d'un procédé rationnel basé sur des assertions (arguments) dans le but de convaincre de leur légitimité, de leur validité.

L'argumentation est considérée comme un art de la persuasion et, sur son versant contestable, comme une technique d'influence. Il est vrai qu'une argumentation efficace comporte un risque : celui de conduire l'interlocuteur à une option qui soit préjudiciable pour lui-même. C'est oublier que les effets de n'importe quelle technique dépendent de l'intention.

La communication vise à convaincre. Avec l'argumentation, elle se donne une chance d'être bien reçue et d'enclencher un mouvement positif pour l'activité professionnelle. La démarche argumentative correspond à des besoins de l'entreprise de diagnostic, de résolution d'une problématique afin d'orienter une action, un processus, d'amener une équipe à la cohésion et au partage de sens pour fonctionner, d'amener une cible externe à réagir favorablement à une offre.

Que l'écrit à fabriquer soit court (une lettre) ou long (un rapport), le rédacteur peut faire appel, à un degré variable, à la technique de l'argumentation.

L'argumentation du rédacteur

L'argumentation est un instrument modulable : superflue pour un courrier entretenant une relation entre un client et un fournisseur, elle sera requise pour un courrier relevant d'une négociation, pour une note de problématique et, bien sûr, pour un argumentaire de vente.

Certains écrits ont un objectif fort d'adhésion du destinataire : appuyer des recommandations, obtenir un retour maximal, répondre à un enjeu stratégique pour l'entreprise.

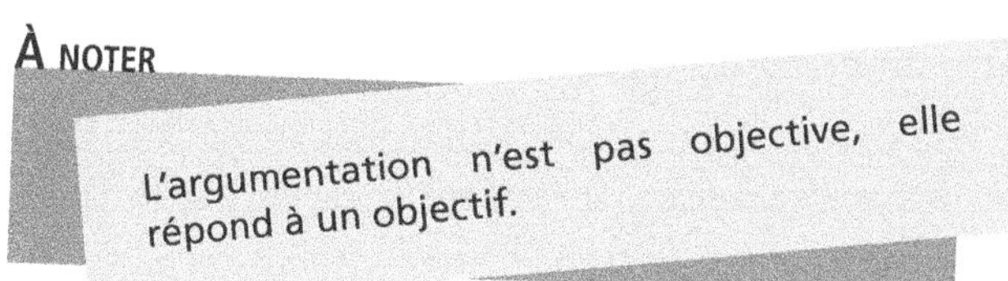

L'argumentation ne doit pas servir à manipuler mais à convaincre pour un enjeu à partager, pour une finalité profitable à l'action.

Méthodo

Trouver les idées qui produiront une réaction

Constituer une matière première utilisable pour la démonstration. À cette fin :

- balayer les champs concernés par le sujet afin de nourrir les arguments (références, documentation d'appui…) ;
- identifier les points de vue différents qui peuvent s'opposer ou se croiser sur le sujet abordé ;
- trouver les points forts qui accrocheront le lecteur.

Sélectionner les arguments

Effectuer le tri selon deux paramètres :

- en fonction de l'objectif du « message » défini préalablement, en sélectionnant les arguments utiles et en rejetant les secondaires ou les anecdotiques ;
- en connaissance de la cible et de sa position par rapport au sujet.

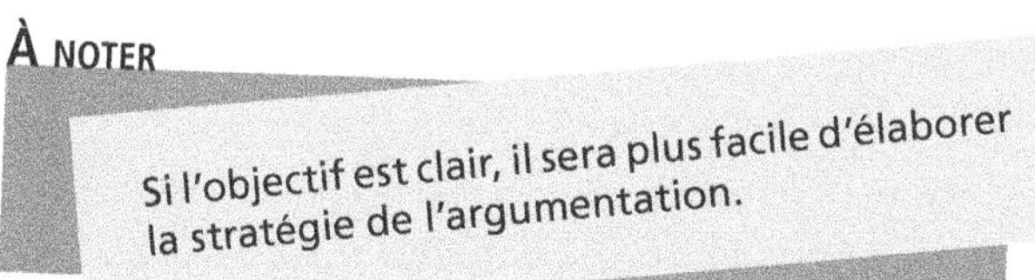

Construire un discours logique

Le texte est pensé comme un « discours » qui s'adresse à une personne « présente » (dont la réaction va varier au fil de l'argumentation). Il est cohérent dans l'ajustement de ses arguments. Sa logique dépendra de la position initiale du destinataire :

- si le destinataire est supposé favorable : présenter les arguments forts au début pour affirmer le socle commun ;
- s'il est supposé réservé mais concerné : commencer par les arguments communs pour établir un minimum d'accord avant d'aborder les points critiques ;
- s'il est supposé hostile, adopter une stratégie progressive : reprise puis réfutation de l'énoncé adverse, du moins au plus litigieux.

Pour construire la stratégie argumentaire, il faut établir un plan en fonction de la progression nécessaire pour aboutir à l'adhésion du destinataire.

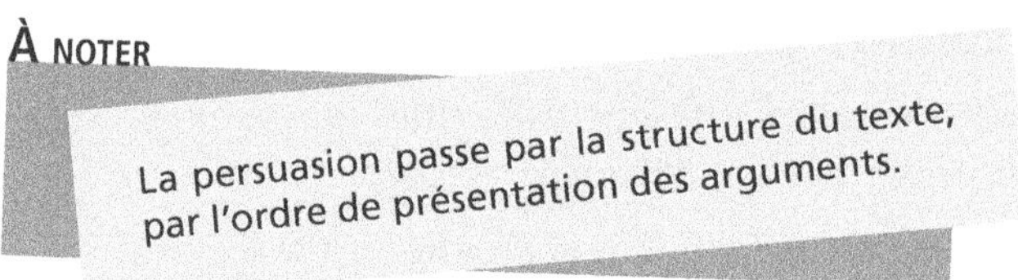

Les mots pour le dire...

Les mots ont un poids de sens, une valeur évocatrice, une fonction essentielle pour convaincre, séduire ou, tout simplement, retenir son lecteur. Lesquels choisir ? Le rédacteur professionnel doit savoir exploiter le vocabulaire qui répondra exactement au sens qu'il souhaite donner à son message. Il évitera de faire inutilement du « style » en employant des mots que le lecteur ne connaît pas ou auxquels il peut donner un sens différent.

En revanche, il utilisera des mots « parlants », c'est-à-dire qui non seulement ont un sens clair et immédiat mais aussi qui suggèrent une vitalité en lien direct avec l'action, avec la réaction attendue.

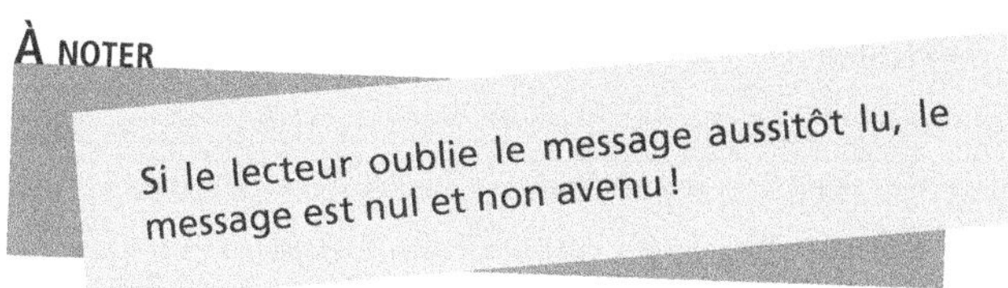

Un vocabulaire qui parle au lecteur

Le message peut être vite oublié s'il est :

- mal compris (pas clair, confus, pas pertinent ou apparaissant comme « déjà dit ») ;

- mal interprété (compris négativement, voire péjorativement, paraissant décalé, hors de propos, mal intentionné…) ;

- mal visé (le lecteur ne se sent pas concerné) ;

- mal ou pas retenu (ne paraissant pas en lien direct avec l'action, le travail que doit réaliser le collaborateur), voire « insignifiant » (c'est du vent !)…

Le vocabulaire du rédacteur

Pour s'exprimer avec efficacité, il faut à la fois choisir un mot précis et en respecter l'usage :

- chercher le synonyme pour préciser sa pensée : dire/informer (c'est plus ou moins précis). Attention, chaque mot traduit une nuance, le vrai synonyme est rare !

- vérifier le sens du mot choisi pour qu'il soit en adéquation avec le contexte : constater/évaluer (c'est différent) ;

- utiliser le dictionnaire pour mieux connaître le sens et les caractéristiques du mot ;

- penser à la connotation d'un mot : quel jugement implicite, négatif ou positif ? Quel registre de langue ? Quel effet ? Quel renvoi à un contexte ?

Les sens des mots

Le dictionnaire indique le sens des mots mais, dans l'usage, des variations peuvent intervenir dans la communication. Non que le sens soit différent, mais le contexte (la situation globale), le cadre de référence (personnel et professionnel du destinataire) ainsi que le texte lui-même (effet d'écho d'une formulation à l'autre) peuvent influer sur la compréhension.

On n'en a pas toujours conscience mais tout le monde ne donne pas le même sens à un même mot ou à une expression, même s'il s'agit d'un usage courant !

> *« Vous avez dit bizarre ?*
> *Comme c'est bizarre... »*
>
> Arletty, *Hôtel du Nord*

La sémantique étudie le sens des mots ainsi que les différents sens d'un mot. Les tests de sémantique prouvent qu'une évidence pour l'émetteur correspond souvent à une autre évidence pour le récepteur.

EXEMPLE

« L'entreprise est proche des transports. » Selon les habitudes, les repères, le domicile, l'origine des interlocuteurs, cette formulation peut signifier : à dix minutes à pied, à trois stations de métro, à vingt minutes en voiture d'une gare...

« Dans un bref délai. » On risque d'interpréter : dans cinq minutes, demain, à la fin de la semaine... alors que l'on veut dire « le mois prochain ». Il est préférable d'écrire : « Dès que nous aurons le dossier... » Si la précision n'est pas possible, il faut trouver une formule qui exprime l'attention que l'on porte au destinataire : « Nous veillons au suivi de votre dossier... Pour toute question, vous pouvez contacter... »

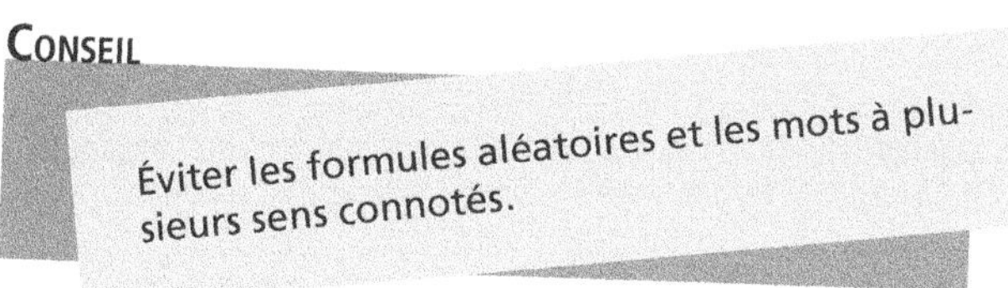

Les mots « précis »

Pour toute information pratique et factuelle, la précision est de mise. Et plus l'expression sera précise, plus elle favorisera la possibilité d'une réaction précise : ciblée et au plus proche de l'objectif.

Si le vocabulaire est peu usité, trop savant, trop technique, le lecteur ne se sentira pas concerné ou sera agacé. S'il se sent infériorisé par le message, il y répondra peut-être sans pour autant produire le retour attendu.

Si le rédacteur entretient volontairement un flou stratégique, le lecteur ne sera pas dupe. Il sera tenté de lire « entre les lignes » et donc d'interpréter avec tous les risques d'erreur que cela peut occasionner ou, à l'inverse, il négligera le document en « attendant de voir », ce qui n'est certes pas le retour attendu.

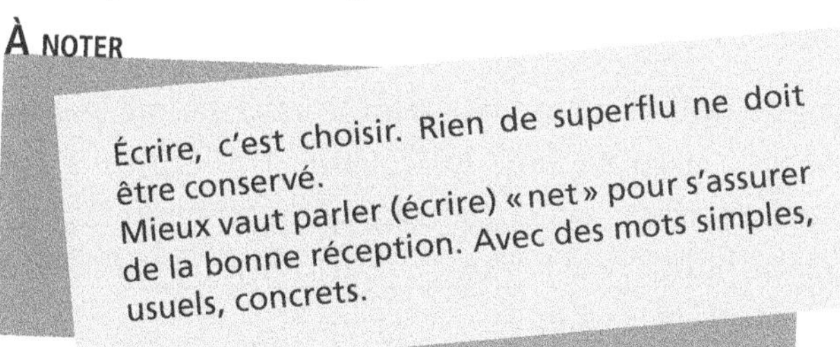

L'abus de langage « pro » altère la compréhension ! Plus une notion est difficile à faire comprendre, plus une orientation ou une décision… est difficile à faire passer, plus il est important d'utiliser un style clair, sans dramatisation ni hauteur de ton. La proximité indispensable avec la cible contribue à l'atteinte des objectifs attendus.

Le bon choix des mots

Préconisations	Éviter	Préférer
Mots usuels	Excessivement Acquisition Acception Investigation	Trop Achat Sens Enquête
Mots précis	Bientôt Le soir Émettre le vœu/le souhait Être en mesure de…	Demain, fin de semaine À… h (20 h 30) Souhaiter Pouvoir
Mots concrets	Correspondance Approche	Lettre Méthode, moyen…

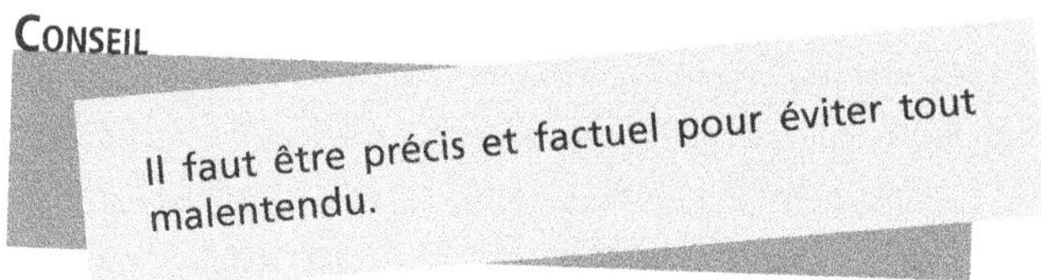

Les mots « photos »

Lire exige un effort de n'importe quel lecteur, même le plus érudit. Il n'y a rien de naturel dans la lecture ! Il a fallu un apprentissage, un entraînement, un enrichissement. Même si le phénomène est intégré au point de n'y plus penser, notre cerveau assimile et associe des milliers de signes.

Avec nos rythmes de vie et de travail, on a peu de temps pour lire, sauf celui que l'on consacre à la lecture d'une œuvre littéraire. Pour le reste, on procède par lecture rapide et selon deux modes simultanés influencés par les médias (journaux, *newsletters*…) :

- par sauts et rebonds (et non pas en diagonale comme on le croit !) d'une ligne à un paragraphe ;

- par « photographie » : les mots ne sont pas décryptés dans un premier élan (sauf en lecture volontaire et attentive) mais ils sont photographiés, reconnus globalement par le cerveau en fonction des centres d'intérêt.

En conséquence, le rédacteur choisit des mots courts, pour capter l'œil puis l'intérêt du lecteur, surtout si ce lecteur n'est pas acquis.

Il est toujours possible de privilégier les mots courts dans un texte, notamment en évitant l'usage excessif d'adverbes (« anticonstitutionnellement » !), sauf ceux imposés par le sens ou le propos.

De plus, il optera pour des mots-clés qui sont connectés au cadre de référence du destinataire : ses centres d'intérêt, ses besoins, son ressenti face à un type d'offre ou de demande.

EXEMPLE

Un fan de la mode sera attiré par les mots : tendance, couleur, collection, modèle, étiquette… même si le texte traite d'un tout autre produit.

Un texte devant expliquer un processus abstrait sera davantage mémorisé par des opérationnels grâce à des mots tels que : terrain, chemin, itinéraire…

À NOTER

Y'A PAS PHOTO !
Les mots courts facilitent la compréhension, ils sont aussitôt mémorisés. S'ils sont en lien avec l'intérêt du destinataire, ils accrochent son attention.

Les mots «positifs»

Le langage positif vise à susciter l'adhésion, à encourager l'action, à ouvrir la voie d'une solution. Il favorise la réaction attendue. À l'inverse, une formulation négative (par le sens et la forme) entraîne fatalement une réaction négative ou neutre. Inévitablement, ce qu'on indique en négatif est exactement ce à quoi on va penser… et ce qu'on va retenir !

La technique du langage positif, qui relève de l'oral comme de l'écrit, est recommandée pour les managers et pour tout professionnel ayant à convaincre un interlocuteur : courrier commercial, note de problématique, argumentaire, demande interservices… Le principe est simple : plutôt que d'employer une formulation négative, préférez une formulation positive ! Celle-ci passe par sa tournure (phrase active plutôt que passive) et par son vocabulaire (mots connotés positivement).

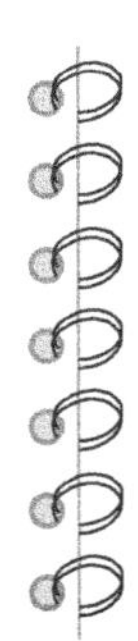

> **EXEMPLE**
>
> On évitera d'écrire : «Vous n'utiliserez pas la référence Y» (qui fixe l'attention sur Y), on écrira plutôt : «Vous utiliserez la référence X» (formulation positive) ou, mieux encore : «Vous trouverez les ressources utiles avec la référence X» (formulation positive ainsi que mots positifs).
>
> Plutôt que : «Nous n'avons atteint que la moitié des objectifs, il y a encore un très grand effort à faire», on préférera écrire : «Ensemble, nous avons réussi à atteindre la moitié de nos objectifs, nous irons jusqu'au bout.»

C'est l'exemple du verre à moitié plein ou à moitié vide : montrer le vide est déprimant ou dépréciateur, valoriser le plein stimule pour remplir le vide.

Les mots d'action

Pour qu'un texte soit tonique, on sait qu'il faut privilégier les verbes d'action. Cette préconisation, souvent évoquée, appelle une explication.

Le verbe est le cœur battant du corps de la phrase. Sauf dans le cas d'un message express de type « sms » ou de l'accroche publicitaire (dont le message est développé par un contexte texte/image), il faut absolument éviter la phrase sans verbe (dite nominale) qui perd sa vitalité et parfois son sens.

Verbe… action !

Pour optimiser la dynamique d'une phrase, on choisira des verbes dits « d'action », auxquels on donnera plus de force en évitant de multiplier les noms communs pour exprimer la même chose.

EXEMPLE

Acheter plutôt que : faire l'acquisition.

Corriger ou modifier plutôt que : apporter des modifications.

Dépasser plutôt que : aller au-delà.

Développer plutôt que : apporter un développement.

Influencer plutôt que : faire subir une influence.

Promouvoir plutôt que : assurer la promotion.

Les mots « acteurs »

Il existe aussi, dans le vocabulaire, des mots qui expriment davantage l'action que d'autres. Ils remplacent parfois avec efficacité les formules lourdes. À privilégier, ils sont, en outre, l'instrument du langage « positif ».

EXEMPLE

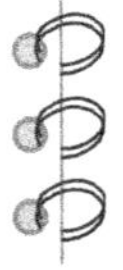

> Atteindre un objectif plutôt que : poursuivre un objectif.
>
> Réussir plutôt que : obtenir des résultats.
>
> Comprendre plutôt que : avoir la compréhension de...

**Certains mots ou verbes d'action, par un usage trop intensif, finissent par perdre de leur force et parfois de leur sens.
Il en est ainsi de : acteur, mobiliser, conceptualiser, initier, impacter, motiver, dialoguer...
Avant de les utiliser, il faut examiner leur pertinence pour qu'ils gardent leur valeur.**

Écrire « direct »

Il ne s'agit pas de raccourcir son propos mais d'avoir une économie de langage pour être en lien direct avec l'objet, la cible, l'objectif, sans perte de temps ni perte de sens. Il faut donc : supprimer les mots en trop, les locutions inutiles, les tournures compliquées ou maladroites.

Les effets de style

Avoir du « style », c'est donner une plus-value à une information strictement technique ou simplement correcte. Le style est l'alliance de deux qualités : la rigueur et l'élégance.

- Formuler son message en conformité absolue avec les règles et les usages : orthographe, grammaire, code typographique...
- Ajouter une élégance d'expression par le choix du vocabulaire, la clarté de l'argumentation ou du développement, la convivia-

lité manifestée par la prise en compte de l'interlocuteur, le soin apporté à la relation à travers l'écrit.

Quelques autres atouts, relevant d'une connaissance fine de la langue, viendront « encrer » la plume d'une touche supplémentaire de pertinence, d'à-propos, toujours dans la visée de l'efficacité.

Les niveaux de langage

Une idée, un sentiment peuvent trouver des expressions lexicales très variées, selon les niveaux de langage qui reflètent chacun un milieu culturel.

Pour le rédacteur professionnel, la connaissance de la cible est primordiale. S'il est un expert devant diffuser une information technique au grand public ou s'il doit communiquer avec une cible qui a ses spécificités sociales et économiques, il devra veiller au *corpus* de mots approprié.

Niveau moyen ou standard

Il englobe la langue courante : les mots familiers compris par tous sans difficulté et une syntaxe simple.

Niveau élevé

Il correspond à un registre soutenu, classique, distingué, incluant les mots rares ou imagés, des écarts de style. Il utilise une syntaxe complexe, des phrases plutôt longues comportant de nombreuses subordonnées.

Niveau peu élevé

Il constitue le registre familier et plutôt oral avec, de haut en bas : le langage populaire, puis l'argot, enfin le vulgaire ou le grossier.

CONSEIL

Le rédacteur privilégiera, dans la plupart des écrits professionnels, le niveau moyen ou standard.

Une pointe de rhétorique, pourquoi pas ?

L'écrit, même professionnel, utilise parfois des figures de rhétorique pour donner du relief ou, au contraire, pour atténuer l'expression. À employer à bon escient, afin de personnaliser un message et retenir l'attention du lecteur.

Pour mettre en relief une opposition, pour mettre une idée en valeur, on peut utiliser l'antithèse.

EXEMPLE

L'effort et le rêve conduisent à la réussite d'un projet.

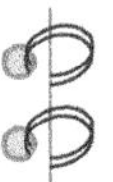

Pour souligner une similitude entre deux choses ou deux personnes, on utilise la comparaison, introduite par « comme », « pareil à » ou « tel que... »… ou le verbe « sembler » ou « ressembler ».

EXEMPLE

Les deux secteurs de notre activité sont comme les deux bras d'un fleuve, ils doivent se rejoindre avant l'embouchure.

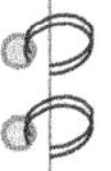

Pour faire une comparaison sans terme comparatif, on recourt à la métaphore : une image forte et évocatrice qui condense le sens.

EXEMPLE

L'orage couve dans les couloirs... Notre entreprise a affronté bien des tempêtes, nous redresserons la barre.

Pour éviter une répétition, varier l'expression, détourner une formulation afin de l'atténuer (proche de l'euphémisme), on utilise la périphrase en remplaçant un terme par sa définition. Mais il ne faut pas en abuser, sinon on alourdit le texte !

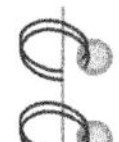

La capitale de l'Hexagone (Paris). Les périodes de moindre activité (baisse de production, période de vacances).

La périphrase peut égarer le sens. Pour une clarté garantie, mieux vaut parfois répéter un mot plutôt que de chercher une formule, l'écrit «pro» n'étant pas de la littérature.

S'il faut atténuer délibérément le propos afin de réduire un effet déplaisant ou qui risque de paraître péjoratif ou agressif, on usera d'un euphémisme : on remplacera le mot approprié par un autre, proche mais moins fort de sens.

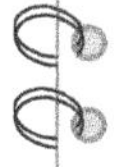

Demandeur d'emploi (pour chômeur), disparition (pour mort), non-validation d'une demande (pour refus)…

Si l'on veut dire le moins pour exprimer le plus, on utilise la litote. C'est une formule, souvent sous forme négative, qui teinte d'humour ou de pudeur l'expression d'un sentiment (tel *Le Cid* de Corneille : « *Va, je ne te hais point !* »).

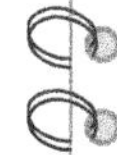

Les appuis ne seront pas de trop dans ce projet.

Souvent, on supprime un terme qui paraît évident et qui, pourtant, serait grammaticalement nécessaire. Il s'agit d'ellipse, parfois intéressante pour le raccourci, si l'on n'en abuse pas et si le sens est clair.

> Chacun son tour (au lieu de : chacun doit agir à son tour – grammaticalement correct).

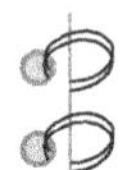

Les « moins » de l'écrit professionnel

Le rédacteur le plus performant peut faillir et, souvent, à son insu, tomber dans l'un des pièges des expressions professionnelles courantes. Pourquoi ? Parce qu'il est lui-même lecteur de multiples supports professionnels, lesquels détiennent de nombreux travers. Il est imprégné, comme ses collègues, de la culture d'entreprise. Il est familier d'un domaine d'activité avec ses spécificités techniques. Autant d'habitudes de langage, de défauts de tournure qui peuvent se glisser subrepticement sous sa plume.

Il peut aussi, par saturation, ne plus « voir » les défauts de son texte et, s'il est pressé par un délai, zapper la relecture indispensable.

Enfin, il peut, par une tendance compréhensible car partagée par tous les êtres pensants, céder aux pressions de son propre cadre de référence : jugements, ressentis, représentations…

Voici donc des points de veille à observer sur les défauts parmi les plus récurrents des écrits professionnels. Si le rédacteur les intègre, il aura rapidement le réflexe de corriger le mot, rectifier le tir, revoir sa copie.

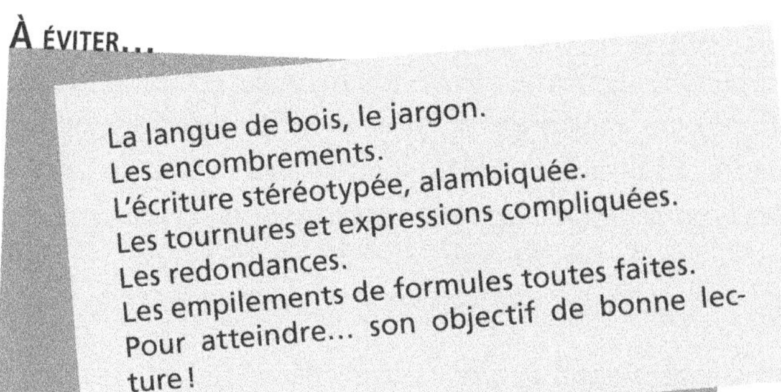

Les travers sont nombreux : toute entreprise fabrique, autant que ses produits, les mots qui vont avec ! Or, si ce langage est usité sans problème en interne, il bloque la compréhension pour l'externe : le public, la clientèle, et même les partenaires ou prestataires.

De plus, le « pouvoir » (économique, social) s'approprie le langage pour en faire un instrument de persuasion, de pression, d'autorité. Un peu comme le latin pouvait impressionner le peuple !

Pas de jargon, merci !

Le jargon recouvre à la fois le vocabulaire et les expressions d'une spécialité technique. En un mot, le jargon est le langage « trop pro » ou d'initié que tout le monde ne peut comprendre. Il est surtout une affaire de vocabulaire et de formulations spécialisées.

Le jargon

- Sens commun : langage incompréhensible.
- Sens professionnel : langage particulier à un groupe et caractérisé par sa complication.

Plus c'est simple, mieux c'est compris. Une information, même pointue, peut se formuler avec un brin de simplification. Si certaines formules techniques sont incontournables (à condition qu'elles soient adressées à des spécialistes), on peut très souvent « traduire » en langage clair sans perdre son sérieux.

EXEMPLE

Dans le catalogue du petit jargonneux, il faut repérer et éviter (ou limiter) :

- les expressions relevant de la culture interne ou d'un domaine d'expertise ;
- la multiplication des sigles (un peu, c'est bien, beaucoup, c'est illisible) ;
- les abréviations « maison » ;
- les informations implicites et les raccourcis seulement compris des initiés ;
- les explications compliquées ou trop techniques…

Il faut décliner les sigles en toutes lettres si l'on n'est pas sûr que le destinataire les connaisse.

Langue de bois, dure à comprendre !

Alors que le jargon est surtout une affaire de vocabulaire ou de formulations relevant d'un domaine d'expertise technique, la langue de bois utilise des mots du vocabulaire courant mais en associant des formulations toutes faites, des articulations convenues qui rendent hermétique, voire incompréhensible, le contenu du message…

En un mot, la langue de bois est un ensemble bétonné de mots et de blocs de mots qui, isolément, sont connus de tous mais qui, assemblés, perdent leur sens. C'est le propre du langage dit « politique » ou du « *consulting* ».

La langue de bois

- Proche du «jargon», la langue de bois est peu compréhensible mais elle utilise des mots usuels.
- Procédés : empilement de formules lourdes ou «tendance», expressions figées, néologismes, phrases à «effets».
- Finalité : adhésion de l'interlocuteur par la «séduction».

Pourquoi la langue de bois ?

Si la langue de bois est si souvent employée, en communication institutionnelle, en management, en politique, c'est qu'elle a des avantages. En effet, elle apparaît lorsqu'une communication s'avère indispensable mais qu'il est plus prudent ou stratégique de produire une zone de flou ou d'incertitude sur le contenu, paradoxalement avec une apparence de force et de conviction.

À NOTER

LA NOVLANGUE, ON INVENTE…
Cette langue est un avatar de jargon et de langue de bois, créant de nouvelles expressions pour désigner des concepts que l'on considère comme nouveaux et pour lesquels il semble que les mots existants ne suffisent pas. Elle est tissée de néologismes, de termes néotechniques, de formules sophistiquées.

Peu d'anglicismes, *please* !

Sans être puriste, le rédacteur évitera de céder aux effets de mode et préférera puiser dans le stock extrêmement riche de la langue française. Bien sûr, la langue incorpore naturellement et depuis toujours les mots étrangers dans la mesure où ces mots accompagnent l'introduction de nouveaux concepts ou de nouvelles réalités.

Toutefois, il est abusif, voire ridicule, de faire usage d'anglicismes ou de « franglais » si ces vocables ont leur équivalent dans la langue française.

Cet usage, toléré à l'oral, est fortement déconseillé à l'écrit qui constitue la forme la plus proche de notre patrimoine culturel.

EXEMPLE

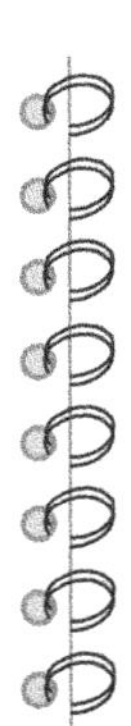

Quelques préconisations :
- « *benchmarking* », préférer « repérage », « banc d'essai » ou « évaluation comparative »… ;
- « *e-mail* », utiliser le mot « courriel », déjà familier et correct ;
- « *best of* », préférer « le meilleur de » ;
- « *flash-back* », préférer « retour arrière » ;
- « *consulting* », dire « conseil » ou « conseil expert » ;
- « *free-lance* », à remplacer par « indépendant » ;
- « *training* », à remplacer par « entraînement »…

Selon les contraintes de sa culture d'entreprise, le rédacteur peut être amené à utiliser des termes anglais ou « franglais » dans un texte destiné à l'interne.

Moins d'encombrements, on respire !

L'écriture lourde, alambiquée, stéréotypée est comme une autoroute au départ des grandes vacances : on ralentit, on finit par s'arrêter. L'information ne circule plus ! Qu'est-ce qui provoque les coups de klaxon ? Un empilement de formules toutes faites. En vrac :

- la multitude de mots et locutions inutiles ou redondants ;

- les tournures qui se veulent raffinées mais qui sonnent faux…

EXEMPLE

Les adjectifs toujours associés aux mêmes mots de façon excessive : un véritable partenaire, un interlocuteur privilégié…

Les locutions verbales à la place des verbes : prendre une décision/décider…

Les néologismes en abondance : priorisation.

Les expressions «effet de mode» qui se démodent aussi vite.

Les tournures trop abstraites et les locutions creuses, les expressions usées.

Les pléonasmes : il a tout prévu/d'avance – une panacée/universelle – un monopole/exclusif – collaborer/ensemble – zèle/excessif…

Les répétitions inutiles (sauf si la répétition est indispensable sous peine d'ambiguïté)…

Pas de longueurs, si possible !

C'est prouvé : plus une phrase est longue, moins elle est compréhensible ; plus un texte est long, moins on le retient.

Les indicateurs de lisibilité sont variables selon le mode de lecture car on ne lit pas de la même manière un journal, un roman, un compte rendu de réunion.

Les lois physiques (œil, cerveau), la motivation, la concentration, ainsi que les éléments parasites entrent en action dans toute lecture et altèrent la mémorisation. Sans compter la masse de documents à lire imposée à chacun dans la vie professionnelle !

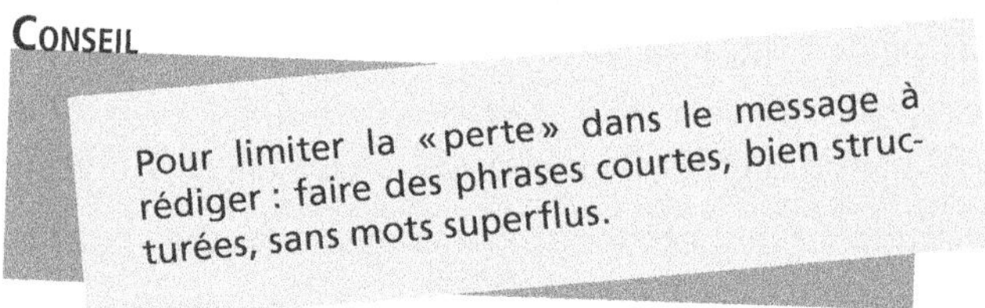

Alambiquages, trop alcoolisés !

Au top de sa forme, la phrase complexe devient alambiquée. Regardons le mot : « alambic » s'y trouve. De fait, l'alambiquage est le produit d'une distillation complexe où le rédacteur cherche la formule subtile pour faire le maximum d'effet sur son lecteur !

Nul besoin de se compliquer l'esprit et la plume (parfois à son insu) pour faire appréhender un concept rare et complexe. Il suffit d'une bonne préparation : peler le fruit (l'idée), le découper en petits morceaux d'arguments faciles à avaler. La belle phrase alambiquée n'a jamais convaincu un lecteur.

Le pléonasme, à fuir!

Le pléonasme est un terme ou une expression qui ajoute inutilement une répétition à ce qui vient d'être énoncé. Bref, on utilise conjointement deux mots différents qui ont le même sens.

L'adjectif de même sens renforce le cliché pour produire un effet (souligné, emphatique, grandiloquent, impressionnant) dont l'excès n'engendre guère l'effet escompté…

EXEMPLE

Le second terme entre parenthèses est de trop. Utiliser le premier, éventuellement le second, mais pas les deux ensemble :

* prévoir (à l'avance) ;
* monter (en haut) ;
* comparer (ensemble) ;
* opposer son veto – dire : mettre son veto ;
* trois kilomètres (de distance) du centre ;
* collaborer (ensemble) ;
* sortir (dehors) ;
* s'entraider (mutuellement) ;
* car (en effet) ;
* le premier (en tête) ;
* préférer (plutôt)…

La formule automatique pléonastique

C'est l'apposition de deux formules qui se répètent. La formule « automatique pléonastique » est l'utilisation automatique de mot et adjectif qui nous paraissent – à tort – inséparables. Elle nuit à tous les écrits.

EXEMPLE

Recroquevillée sur elle-même – jeune bébé – tri sélectif – petit détail – trafic illicite – vraie vérité – seul et unique – méandres sinueux – zèle excessif – souvenirs rétrospectifs – monde entier…

Remède : trouver l'adjectif qui enrichit la signification, éliminer l'adjectif qui vient automatiquement.

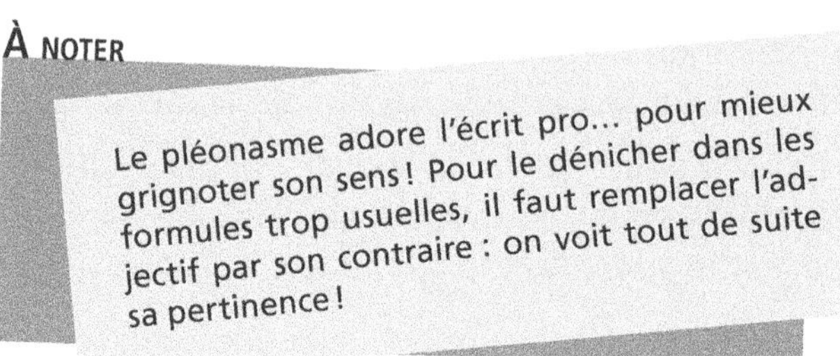

L'impersonnel, le passif : à limiter !

Certaines formulations, caractéristiques du langage administratif, sont utilisées par automatisme et donc avec excès. Si l'on veut avoir du style et de la clarté, limitons-les, sauf dans les cas nécessaires.

Sont concernées :

- les phrases commençant par une formule impersonnelle : il faut…, il s'agit de…, il convient de…, il apparaît que… ;

- les phrases à la voix passive : des décisions ont été prises par X, au lieu de : X a pris des décisions, ou mieux : X a décidé que…

Ces formes répondent parfois à un souci de précaution ou à une tentation de dépersonnalisation plutôt qu'à une nécessité.

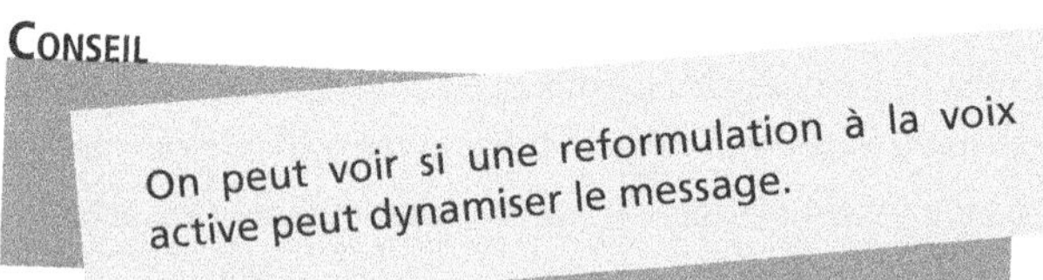

Le cliché, trop vu !

Radio, télévision, journaux, publicité et… politiques usent de formules passe-partout : les clichés. Les clichés se glissent, s'imposent dans les écrits. Ils se répètent machinalement. Chacun devient propagateur du « prêt-à-dire » et du « prêt-à-écrire »… comme pour se modeler sur le modèle.

Le cliché, facile d'usage, tend à appauvrir l'expression par sa récurrence.

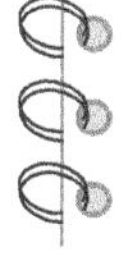

EXEMPLE

À deux vitesses – a fait l'effet d'un coup de tonnerre/d'une bombe – à grand renfort de publicité – à la croisée des chemins – à marquer d'une pierre blanche…

Le calembour, parfois lourd !

Il joue sur le son – l'homophonie – et sur le sens qu'il détourne. Le calembour est parfois utilisé par certains journaux mais dans un parti pris éditorial.

Il emploie des formules courantes, proches du cliché, pour détourner leur sens figé. Il peut s'utiliser de façon exceptionnelle, dans un écrit interne (à diffusion réduite), mais il est à double tranchant : plaire et déplaire, ou ne pas être compris de tous.

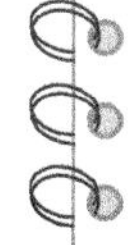

EXEMPLE

Un clavier azerty en vaut deux – un pastiche sinon rien – à chaque four suffit sa haine…

Le stéréotype, danger !

Le stéréotype, proche du cliché, est une opinion toute faite, une image attendue mais figée, une manière de reproduire des modèles de pensée ou des images. Il désigne plus particulièrement la représentation que l'on se fait d'une personne, d'un genre (sexe), d'une culture, d'une catégorie sociale…

Rien n'est plus sournois qu'un stéréotype : il se glisse dans le discours comme étant naturel, tant les modèles tendent à se reproduire !

Les termes et les expressions qui pourraient sembler bienvenus peuvent provenir d'une image critique ou critiquable. Et, si l'oral permet la rectification immédiate, l'écrit inscrit durablement et malheureusement l'intrus.

CONSEIL

Repérer les éléments du discours qui relèvent du jugement moral, social, sexuel, racial… À éradiquer pour un texte qui doit être neutre et ne pas tomber sous le coup d'un retour préjudiciable.

Chapitre V

LES DIFFÉRENTS SUPPORTS DE L'ÉCRIT PROFESSIONNEL

Inventaire des écrits professionnels

Le texte varie selon la «forme» qu'il doit prendre : lettre, note, compte rendu, synthèse… ou courriel ! Un même message peut s'inscrire à travers plusieurs supports : la rédaction se modulera en fonction des spécificités de chaque support.

Dans chaque cas, il s'agit d'une information à transmettre selon un circuit particulier et avec des finalités différentes.

La principale recommandation est de ne pas se précipiter sur le support à écrire mais de réfléchir aux enjeux du message. À partir de cette base, le support pourra être choisi ou le choix de départ pourra être vérifié.

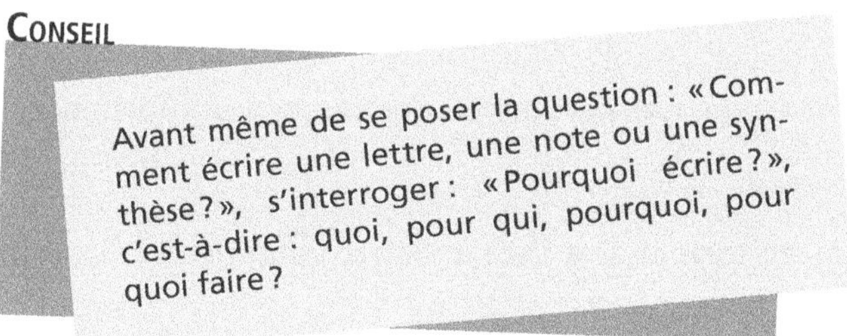

Cet inventaire des supports professionnels, des traditionnels aux dématérialisés, présente pour chacun :

* une description : définition, rôle, contexte d'utilisation ;
* ses spécificités : présentation, règles d'usage… ;
* un mode d'emploi.

La lettre

Jusqu'à une époque récente, la lettre était le support privilégié de tout échange entre l'entreprise et son environnement. À présent, elle est moins utilisée au profit du courriel (e-mail) et davantage réservée aux circonstances formelles qui demandent l'inscription d'un fait, d'une action, par écrit. Elle conserve donc une extrême importance malgré la concurrence du téléphone et de la messagerie électronique.

La lettre est un genre à la fois fixe (dans sa présentation) et diversifié dans son contenu selon l'intention du rédacteur et selon la finalité : administrative, commerciale, personnelle.

En tant que support d'un échange – information, argumentation –, elle est l'amorce ou la continuité d'un dialogue différé.

Genre très codifié, la lettre obéit à des règles très rigoureuses de présentation et de rédaction. Elle doit présenter des identifiants et une normativité qui permettent l'échange des informations.

La disposition

Toujours au format 21 x 29,7, la lettre comporte obligatoirement :
- les coordonnées de l'expéditeur ;
- celles du destinataire ;
- la date et le lieu de l'émission ;
- certaines mentions imposées : objet, référence, nom du responsable du dossier…

Les titres de civilité

La lettre s'adresse à une personne (même lorsqu'elle s'adresse à une société). Si l'on ne connaît pas le nom de la personne, on s'adresse à sa fonction.

On utilise les titres de civilité « Madame, Monsieur », les titres de leur fonction « Monsieur le Directeur », avec une majuscule, ce qui diffère de la règle pour les textes courants.

Mode d'emploi

La construction

L'introduction présente brièvement le motif (l'objet) de la lettre et résume l'essentiel des points qui seront abordés.

Le développement expose progressivement les différents points concernant le problème, la question, la demande. Chaque paragraphe concerne l'un des points traités.

La conclusion est l'aboutissement du développement et opère une boucle vers l'objet : décision, retour attendu…

La rédaction

Le « style » de rédaction dépend de l'objet et de la nature de la lettre (administrative, commerciale, personnelle).

- La lettre officielle : pas d'effusion, dire l'essentiel simplement et clairement.
- La lettre pour convaincre : personnaliser, choisir un vocabulaire de connivence.
- La lettre amicale : exprimer son opinion, ses sentiments, finir en formule manuscrite.
- La lettre de félicitations : évoquer l'événement, exprimer clairement ses vœux.
- La « lettre ouverte » : ton libre et démarche argumentative pour réagir à une situation grave, une polémique. Elle est ouverte à tout public, à travers un média ou un communiqué de presse.

Les formules de politesse

Elles doivent reprendre le titre de civilité du début de la lettre. Elles varient selon la relation existant entre l'émetteur et le destinataire (formelle, amicale), et s'adaptent au destinataire (titre, fonction).

Les formules neutres

- Je vous prie/Nous vous prions d'agréer, M…, mes/nos salutations distinguées. Considération distinguée.
- Recevez, M…, mes meilleures salutations/mes salutations distinguées.

Les formules aimables

- Veuillez agréer, M…, l'expression/l'assurance de mes sentiments distingués.
- Je vous prie/Nous vous prions de croire, M…, à l'expression de ma/notre considération distinguée.

Les formules amicales

- Veuillez agréer mes meilleurs sentiments.
- Bien/très cordialement.

Les formules respectueuses…

Je vous prie/Nous vous prions de croire, M…, à l'expression de mes/nos sentiments respectueux.

… et très respectueuses

Je vous prie/Nous vous prions de croire, M…, en l'assurance de ma/notre haute considération/de mon/notre respectueux dévouement.

CONSEIL

Généralement, on préférera «cordiales salutations» aux «sentiments distingués» (un peu obsolètes et, de plus, le terme «sentiments» est déconseillé dans une correspondance entre un homme et une femme).
Pour un élu, un directeur ou une directrice, un chef de cabinet, on emploie la «considération distinguée» et, pour un ministre, on ajoutera «très distinguée».

«Je vous adresse/Veuillez agréer mes salutations distinguées» est une formule sèche, voire irritée !

La note

La note est un document, le plus souvent interne, employé pour transmettre une information :

* d'un hiérarchique à son équipe ou à l'un de ses collaborateurs ;

* d'un collaborateur à son hiérarchique ;

* d'un responsable de service à d'autres services…

Elle concerne directement la production, l'organisation et, donc, vise l'opérationnalité de son message. Elle est en lien direct avec l'action, d'un point de vue des processus.

En entreprise, il existe plusieurs sortes de notes : la note d'information, la note de service, la note explicative, impérative.

Deux autres types de notes, présentés à part, consistent en un traitement spécifique de l'information :

* la note de problématique ;

* la note de synthèse.

Dans tous les cas, la note doit être comprise immédiatement et l'information qu'elle transmet doit être applicable ou intégrable sans délai.

La note requiert du rédacteur un esprit de synthèse : elle doit mettre en valeur les points forts et utiles pour l'action concernée.

La note d'information

Elle est destinée à faire circuler une information. Elle est adressée à l'externe (information pour la clientèle) ou à l'interne (dispositions applicables par le personnel). Elle ne vise pas une réaction particulière de la part des destinataires, sauf à prendre en compte l'information fournie.

La note de service

Toujours destinée à l'interne, jamais à l'externe, la note de service est émise par un responsable de service ou une direction pour formuler des consignes, une demande. Elle porte une information descendante (de la hiérarchie aux subalternes) qui va impacter directement le travail, susciter une réaction des destinataires.

La note de transmission

Elle accompagne un dossier et comporte les indications minimales pour guider son cheminement et son utilisation : service émetteur, date d'envoi, destinataire(s) pour circulation, cases à cocher après consultation ou la tâche effectuée, but de la transmission (pour information ou pour servir tel dossier), retour.

La note impérative

Variante de la note de service ou personnalisée, elle est employée exceptionnellement pour marquer des erreurs, des manquements, ou encore pour signaler une situation de crise. Elle constitue une alerte, axée sur l'activité.

Mode d'emploi

Les caractéristiques

La note est datée.

L'émetteur est identifié mais sans signature ni formule de politesse : « Note de… »

Le destinataire ou le service sont identifiés : « À l'attention de… »

L'objet de la note est formulé simplement et sans équivoque : « Objet – … »

Si la note réclame un retour, elle indique une échéance.

Le ton est impersonnel, neutre.

Elle doit être concrète, efficace, facile à mémoriser.

Elle doit être courte et, si nécessaire, renvoyer à des annexes ou à des encadrés.

Le contenu

La note doit resituer clairement son objet dans son contexte.

Elle rappelle explicitement les informations utiles pour amener la réaction souhaitée.

Elle s'adapte à la compréhension des destinataires (expert s'exprimant à des non-spécialistes, par exemple).

Elle formule précisément l'action attendue.

La note de problématique

La note de problématique est le support d'une problématique à résoudre mais, surtout, d'une solution à y apporter.

Destinée à l'interne, à l'intention d'un hiérarchique, de collaborateurs ou d'autres services, elle se fonde sur une analyse de la situation, elle présente les points essentiels et les pistes de solution. Elle est soumise à décision (hiérarchique) ou à réflexion partagée (interservices) validée par la hiérarchie.

Elle requiert une méthode spécifique, argumentative, au regard de sa finalité : proposer une solution et, si possible, faire adopter la préconisation. Son objectif est la prise de décision.

Mode d'emploi

Objet

Identification de la problématique.

Contexte

Situation, motif de la démarche.

Objectif initial

Rappel de l'objectif à atteindre.

Diagnostic

Description : constats.

Explication, analyse de la situation : « Parce que… »

Évaluation des impacts et des risques.

Constat de la situation : « Sachant que… Comment faire… pour… »

Réorientation de l'objectif

Situation à modifier, processus à améliorer…

Options

Actions proposées pour résoudre la problématique : « Afin de… »

Scénarios de résolution : présentation des options possibles.

Recommandation : argumentation.

Modalités opératoires

Moyens et ressources, processus.

Échéances

Délai pour résoudre le problème et atteindre l'objectif.

Optons pour un langage positif : la note de problématique devrait changer son nom… car elle doit être une note de résolution de problème !

La note de synthèse

La synthèse est à la fois une démarche de réflexion et un support écrit qui visent directement l'action. Elle exploite une ou plusieurs sources d'information : discours, dossier, communication téléphonique, exposé, rapport, colloque, séminaire, article… afin d'en extraire les points forts qui seront utiles à un travail.

Ce travail d'extraction et d'élaboration est destiné à :

• traiter une problématique ;

• fournir l'information utile à une action en cours…

• … ou dans la perspective d'un projet.

Elle n'est pas la simple juxtaposition de résumés de textes mais un outil de travail. Elle répond à un objectif : faire, réfléchir pour faire ou réagir.

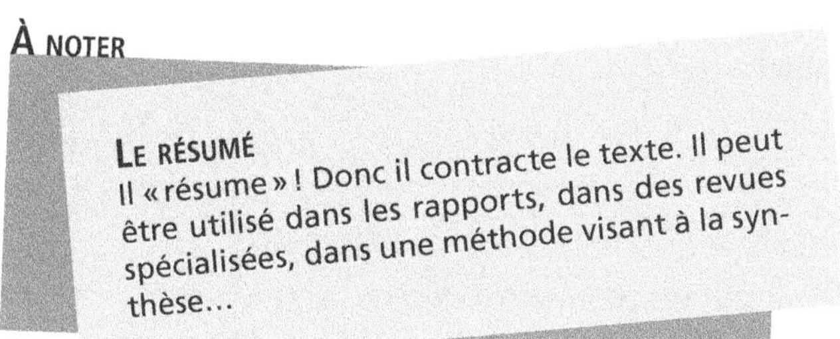

Ni résumé ni compte rendu

Comme le résumé, la synthèse est la contraction d'informations mais sa grande différence est son approche analytique ; elle fait ressortir les principaux faits ou arguments, dans la finalité d'une action.

Contrairement au compte rendu, la synthèse ne prétend pas « rendre compte » mais propose une sélection utile au regard de l'action visée.

La synthèse : une « réponse »

La synthèse répond à une demande personnelle ou contextuelle, explicite ou implicite, appelant une recherche documentaire. Il s'agit d'une démarche intellectuelle, créative et pertinente, en réponse à une demande, donc à une situation.

En tant que réponse, elle sélectionne les éléments de l'information qui seront utiles à l'action : production, projet, décision, base de travail, positionnement d'un dirigeant…

Cette réponse doit être limpide, fidèle et opérationnelle, à transmettre à un ou des destinataire(s) au regard d'une situation professionnelle.

Mode d'emploi

Plusieurs modalités sont possibles, à adopter en fonction de la situation et des informations à traiter.

Les caractéristiques

Elle doit être objective (pas d'ajout au contenu, ni d'argumentation ni d'opinion).

Le document doit être structuré, clair, aéré.

Sa présentation graphique lui donne un sens.

Le contenu

En conséquence, la synthèse va :

* rendre compte des principaux aspects abordés dans un *corpus* d'informations mais de manière succincte et simplifiée ;
* ou déterminer un aspect spécifique qui sera isolé et mis en lumière, sans perdre sa valeur contextuelle.

Les étapes

1. Lecture ou écoute attentive de la demande si elle est formulée explicitement. Sinon, examen du contexte qui appelle la synthèse du document.

2. Analyse : tri de l'information en rassemblant les idées, les notions par thèmes (par paquets) et en sélectionnant selon la demande, le contexte.

3. Mise en évidence de trois points majeurs, trois thématiques, trois orientations…

4. Structuration : mise en relation des informations en rétablissant les liens entre les éléments sélectionnés.

5. Centrage : dégagement d'une ligne, d'une idée-force.

6. Rédaction : mise en forme.

Les trois points de synthèse

Il s'agit ici, non pas de rédiger une synthèse, mais de formuler brièvement les trois points essentiels de la réflexion au regard de la situation : pourquoi et en raison de quels éléments d'information faut-il produire une nouvelle information ?

Au final, la synthèse apporte une « plus-value » :

- une idée-force par le tri, relevant du travail analytique ;
- un apport « neuf » par rapport au document traité ou l'ensemble des informations exploitées, relevant de la part créative.

Le compte rendu

Le compte rendu a pour objet de « rendre compte » d'un événement, d'une réunion, d'une étape de travail, d'un point de situation, d'une mission, d'un entretien, d'une expérimentation… Il rend compte de façon objective et précise.

Il résume fidèlement les faits pour permettre aux acteurs concernés (présents et absents) d'être informés de l'avancement ou de la mission.

Il est généralement validé par le responsable de l'action concernée et diffusé à tous les participants.

Le compte rendu sert à présenter l'état d'une action et d'un processus, et servira ensuite de référence en cas de doute… ou de contestation.

Il capitalise l'étape d'une action ou d'un processus.

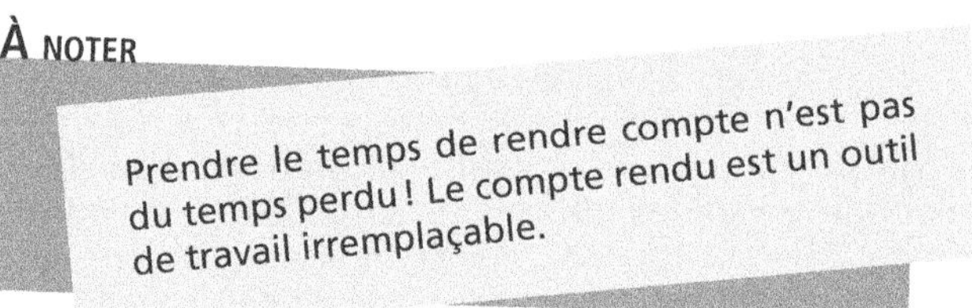

Des faits et des observations

… Et rien de plus ! Le rédacteur du compte rendu n'interprète pas, ne propose pas, n'ajoute rien de sa pensée ou de sa plume. En un mot, il n'est pas un « auteur » mais un rapporteur de faits et d'observations qu'il s'efforcera de restituer au plus près de la réalité objective.

Ni un rapport ni un procès-verbal

Le compte rendu se distingue du rapport (qui engage son rédacteur) et du procès-verbal (plus exhaustif, fidèle reflet de la réalité et des prises de parole, ayant valeur administrative, voire juridique).

À NOTER

On écrit « compte rendu » ou « compte-rendu ». Si les deux graphies sont acceptées, adopter une seule et harmoniser dans tous les textes. Au pluriel : « comptes rendus » ou « comptes-rendus ».

Qui fera le compte rendu ? La prise de notes sera différente si elle est pour soi (subjective) ou pour rendre compte (objective et complète).
Le rédacteur doit être désigné avant la réunion.
Éviter l'improvisation (trop fréquente) en début de réunion.

Mode d'emploi

Au préalable : prise de notes obligatoire

Pas de compte rendu sans prise de notes… avant ! Il faut avoir noté, pendant la réunion (ou la mission ou l'expérimentation, etc.), les informations qui serviront à le rédiger. Le rédacteur devra, en séance :

- identifier avec précision les différents intervenants ;
- choisir les propos essentiels exprimés et, pour cela, les reformuler rapidement, ce qui constituera la base de la rédaction ;
- bien saisir la conclusion : formuler et faire reformuler si besoin, ensuite la rédiger dès la sortie de réunion si possible.

Les caractéristiques

Le compte rendu n'est pas personnifié. Il n'attend pas une action ou une réponse (sauf l'approbation collective des acteurs concernés) mais il doit pouvoir être utilisé comme document de référence et repère temporel d'une activité.

Il doit être validé puis diffusé à tous les participants.

Le contenu

Il rend compte de tout ce qui concerne son objet, de manière organisée et concentrée. Il doit :

* répondre aux qualités de neutralité, de clarté, d'exactitude ;
* être rédigé avec logique, éventuellement de façon chronologique ;
* éviter les remarques implicites et les connotations qui seront vite obsolètes.

Le plan

Il peut être :

* chronologique : pour rendre compte des événements ou des prises de parole dans l'ordre où ils se sont déroulés ;
* thématique : pour rendre plus accessible sa lecture et mieux informer les autres collaborateurs absents lors de la réunion.

Les critères de rédaction et de présentation

Date et rappel de l'objet : réunion…

Formulation non personnifiée, neutre (pas d'opinion) et objective.

Rappel des participants (présents, absents, animateur, responsable…).

Structuration logique, thématique ou chronologique.

La conclusion est généralement formulée ainsi : « L'ordre du jour étant épuisé, la séance est levée (heure). » Si la réunion est moins formelle : « La prochaine réunion aura lieu le… »

CONSEIL

Si le compte rendu est d'un volume important et s'il est diffusé à différents lecteurs dont les niveaux ou centres d'intérêt varient, établir un sommaire (avec une pagination). Si besoin, un résumé accompagne chaque partie.

MODÈLE TYPE :

- Titre : motif de l'événement (réunion) ⋯⟩ comité de pilotage du projet...
- Date : compte rendu de la réunion du (date) à (lieu).
- Liste des participants : étaient présents – étaient excusés.
- Ordre du jour : rappel des points prévus.
- Plan : chronologique (suivi d'activité, réunion) ou synthétique (condensé de l'activité d'un groupe, d'une équipe).
- Conclusion.

Les relevés de décisions ou de conclusions

Certains comptes rendus administratifs intitulés « relevé des conclusions » ou « relevé des décisions » ne prennent en compte que les informations essentielles destinées à être diffusées (conseils d'administration).

S'il y a « vote » des participants sur les décisions, la nature de ce vote doit être indiquée (main levée, bulletins fermés) ainsi que ses résultats (voix pour, voix contre).

Le procès-verbal

Le procès-verbal fait « preuve » : sa valeur est administrative et juridique. Il retranscrit, dans leur intégralité, des délibérations d'instances au sein de certaines structures qui, par nature, sont composées de représentants de différentes tendances : conseils d'administration, commissions paritaires... En raison de ces constitutions représentatives, les points de vue exprimés par les différents locuteurs doivent être restitués avec la plus haute fidélité, pour éviter toute contestation.

Ni compte rendu ni rapport

Le procès-verbal rend compte d'une séance (comme le compte rendu) mais son contenu est obligatoirement exhaustif car le document aura une fonction limitée mais répondant à une nécessité de légitimation des décisions.

Il n'est pas un rapport car il ne comporte aucune analyse, aucune argumentation.

Le procès-verbal peut être :

* de réunion ou de délibération, afin de légitimer les prises de décision ;

* de contestation, en décrivant un fait ou un événement pouvant être ultérieurement contesté (si des actions en justice peuvent être intentées).

Il doit être validé par le président de séance ou par les participants lors de la séance suivante.

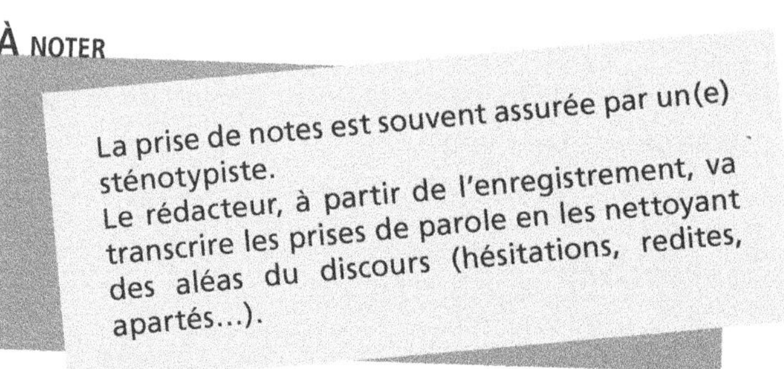

À NOTER

La prise de notes est souvent assurée par un(e) sténotypiste.
Le rédacteur, à partir de l'enregistrement, va transcrire les prises de parole en les nettoyant des aléas du discours (hésitations, redites, apartés...).

Mode d'emploi

Les caractéristiques

Exhaustif, il rapporte *in extenso* les faits ou les prises de parole. Il indique :

* la date ;

* le contexte ;

- l'objet ;

- les locuteurs, les participants, les responsabilité(s) ;

- le rédacteur.

Le contenu

Son contenu est chronologique : on ne change pas l'ordre des présentations. Il ne fait pas l'objet d'une reconstruction ni d'une interprétation ni d'une opinion.

La rédaction veille à deux contraintes :

- suivre exactement les prises de parole ;

- reformuler en étant au plus près de l'expression exacte du locuteur.

Le rapport

Le rapport, comme son nom l'indique, « rapporte » ! Il est le résultat écrit de l'étude d'un problème, d'une situation, d'une expérience ou d'une expérimentation.

Il est soumis à une autorité responsable pour présenter un état des lieux, une analyse de son objet. Il doit « démontrer » la validité d'une option ou d'un travail effectué.

Il s'agit d'un document d'un volume important (un minimum de 10 à 15 pages, généralement beaucoup plus).

Il n'a pas la neutralité d'autres documents de « rapport » (compte rendu, procès-verbal) car il est signé de son auteur. En effet, le rapporteur livre une réflexion étayée et argumentée, éventuellement avec des compléments (chiffrages, statistiques, schémas…). Il peut apporter son point de vue même si, pour la rigueur intellectuelle, il devra faire preuve d'objectivité en prenant en compte différentes options et contrepoints documentaires.

La notion de « signature » du rapport peut recouvrir :

* un individu (ayant étudié un problème, réalisé une mission) ;

* un groupe de personnes (une équipe ayant expérimenté un projet, testé un produit, monté un dispositif particulier) ;

* une entreprise (faisant état d'une activité sur une période donnée).

Dans tous ces cas, le rapport porte une identité et indique le nom du ou des rédacteur(s).

En amont de l'action, il est l'élément clé de la décision mûrie. Il permettra :

* la résolution de problème de manière concrète ;

* éventuellement des modalités d'application, de mise en œuvre…

En aval de l'action, il présente une action accomplie avec les éléments de compréhension. Il permet :

* une évaluation de l'action ;

* une capitalisation de savoirs/de savoir-faire.

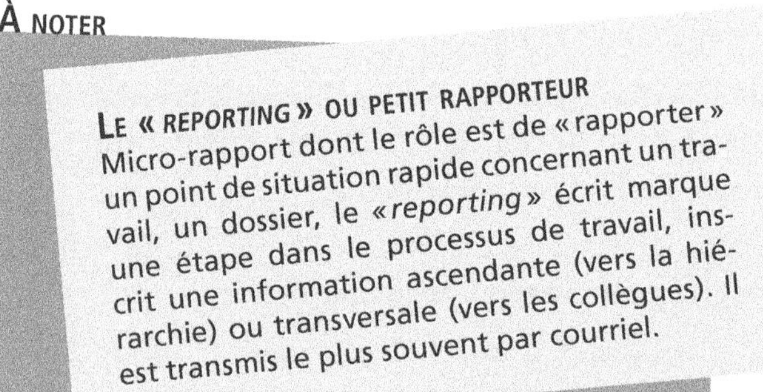

Ni compte rendu ni note

Proche du compte rendu, par sa fonction de «rendre compte», il en diffère par la signature et le commentaire : l'auteur donne son point de vue.

Il diffère de la note par l'ampleur de son contenu. Il est proche, par l'esprit, de la note de problématique mais sa démarche est davantage développée, prenant en compte un contexte plus large.

Le rapport d'activité

Le rapport annuel d'activité d'une entreprise est d'usage pour présenter aux administrateurs, aux actionnaires, aux partenaires un état de ses activités sur l'année passée et les orientations pour l'année à venir (en cours, puisque la parution s'effectue après l'année titre).

Ce document vise à valoriser les résultats, à faire preuve de la bonne gestion, de la tenue des missions. Il est rédigé selon un mode positif, en prenant appui sur les données remarquables et les marges de progrès.

Le rapport de projet

Il s'agit d'un rapport d'anticipation, visant une action à entreprendre. L'innovation motive la réflexion prospective, en prenant appui sur des études antérieures, en élaborant des hypothèses. Il pose des scénarios au regard d'une étude de marché (marketing), de la cible (clients pour une nouvelle production, usagers d'un nouveau service), des moyens humains et matériels à mobiliser. Il prévoit des modalités d'évaluation selon des critères vérifiables. Il identifie la marge de risque et les solutions éventuelles.

Par son caractère créatif et prospectif, la rédaction repose sur des données concrètes, quantifiées, identifiées par des sources documentaires.

Le rapport d'expertise, d'étude, d'enquête

Ce rapport est rédigé par un spécialiste reconnu, afin d'apporter un éclairage sur une problématique, sur une situation difficile ou complexe. Son diagnostic et ses recommandations feront autorité ou référence pour les instances de décision.

Le document est référencé de sources documentaires et complété d'annexes.

Le rapport d'expertise est généralement une commande effectuée par une entreprise, un service, envers un spécialiste reconnu.

Le rapport d'étude fait état d'une recherche thématique sur un créneau nouveau ou un angle de vision particulier. Il peut être commandé par une structure ou proposé par un chercheur.

Le rapport d'enquête est le résultat analytique d'une investigation dont l'objectif et les modalités font l'objet d'une concertation avec la structure commanditaire.

Le rapport de stage

On entend par « stage » la période de travail effectuée dans l'entreprise par une personne en formation ou la période d'observation effectuée dans un service pour acquérir un savoir-faire pour un type de production.

Le stagiaire rédige et signe son rapport. Il veillera à témoigner d'un intérêt réel pour le service, le produit, l'entreprise. Il présentera son rapport au responsable qui a supervisé son stage ainsi qu'à l'organisme de formation ou l'entreprise à laquelle il appartient.

Mode d'emploi

Les caractéristiques

Le rapport présente des qualités de synthèse (points forts), de développement documenté (explications, données précises), de clarté (lisibilité).

Sa structure doit être équilibrée pour mettre en synergie ces différentes qualités, avec un sommaire et un découpage entre les informations principales et celles complémentaires.

Le contenu

Il présente une organisation logique, par parties et sous-parties.

Les parties peuvent être des regroupements thématiques ou argumentatifs.

Le plan

Titre : énoncé clair qui définit le sujet. Éventuellement un sous-titre explicatif.

Signature : auteur du rapport, sa qualité ou sa fonction, son institution d'appartenance (entreprise ou structure de formation)…

Sommaire : présentation détaillée du plan et indication des pages.

Introduction : rappel du contexte, des faits et des références à l'origine du rapport.

Développement : déclinaison du sujet en parties et sous-parties selon un ordre qui suit le motif du rapport. S'il s'agit d'une problématique, l'ordre peut être : les faits constatés, les conséquences, les scénarios de solution. Pour se repérer dans les informations, le titrage et le sous-titrage sont indispensables.

Données chiffrées (tableaux, schémas, statistiques) : à placer au regard de l'information concernée. Le commentaire doit être clair et accessible.

Conclusion : rappel des points forts qui ont précédé et présentation des propositions de décision.

Documents annexes : informations complémentaires mentionnées au sommaire et placées à la fin du document.

La convocation

La convocation est un « appel » à une réunion, à donner sa « voix » (« *-vocare* »). Elle présente un caractère impératif même si la réunion n'est pas obligatoire. Elle sous-entend que, sauf indisponibilité, les personnes sollicitées doivent être présentes par leur inscription à un groupe de travail ou par leur appartenance à l'entreprise.

Le meilleur moyen d'organiser une réunion est la concertation autant que possible, sachant que réunir un grand nombre de personnes aux agendas surchargés est un tour de force. Souvent, elle est imposée mais, dans ce cas, le principe est posé collectivement au départ.

Elle appelle une réponse en retour pour confirmer la participation.

La liste des « convoqués » sera reprise dans le compte rendu, répartie entre « Étaient présents » et « Étaient excusés ».

Elle est accompagnée d'un ordre du jour et de documents en référence.

L'ordre du jour

Il présente l'objectif de la réunion. Il liste les sujets à traiter pendant la réunion, dans l'ordre selon lequel ils seront présentés (à numéroter). Les sujets sont mentionnés simplement sous forme d'intitulés, accompagnés éventuellement de l'indication des documents en référence.

Mode d'emploi

Les caractéristiques

La convocation doit être claire, sobre, informationnelle.

Elle lance l'appel avec fermeté et courtoisie.

Elle s'adresse collectivement à un groupe de personnes identifiées de façon transparente pour l'ensemble du groupe.

Elle est transmise pour information aux responsables de service concernés.

Le contenu

Date d'émission de la convocation (prévoir un délai suffisant avant la réunion).

Service émetteur, personne pilote du groupe.

Date de la réunion, avec un horaire précis (heure de début et de fin).

Lieu de la réunion avec toutes les informations pratiques.

L'ordre du jour.

En pièces jointes ou en référence : les documents utiles, à consulter avant.

L'échéance de la réponse attendue pour confirmer la participation.

Le courriel

Le courriel, immédiat et spontané, de plus en plus utilisé, envahit désormais les messageries professionnelles. Il a une valeur d'échange d'informations et, dans certains cas, de transaction.

Il supplée, voire remplace, le courrier interne. Il représente les flux les plus importants d'échange d'informations dans les relations professionnelles. L'usage du courriel comme mode opératoire entre collaborateurs est devenu si courant, si facile, que trop souvent le soin qu'il requiert, comme tout écrit, est oublié. Or, le courriel laisse une trace, durable, archivable. Il a aussi, par son immédiateté, un impact qui peut être positif ou... regrettable.

Les avantages du courriel

Motivé par l'urgence, la facilité, le courriel apporte un nouveau mode de contact et une valeur ajoutée d'efficacité dans le circuit d'information.

Il raccourcit avantageusement le délai de réception pour toute information utile.

Il permet un suivi quotidien et rapide des activités.

Il facilite la transmission immédiate de documents.

Les travers du courriel

Souvent négligé dans sa rédaction, au prétexte d'être un message instantané, il est un support écrit comme un autre. Il n'échappe pas aux règles de lisibilité !

Sa diffusion dématérialisée incite à la multiplication, ce qui induit une perte de messages par le ménage qui s'impose dans la messagerie.

Paradoxalement, il prend parfois des volumes extravagants : historiques interminables, foule de destinataires.

Facile d'utilisation, de transmission immédiate, le courriel manque trop souvent de rigueur. Pourtant, il doit permettre une lisibilité immédiate pour une réelle efficacité. Et il est le support d'une « relation » écrite qui, toujours, est une relation humaine.

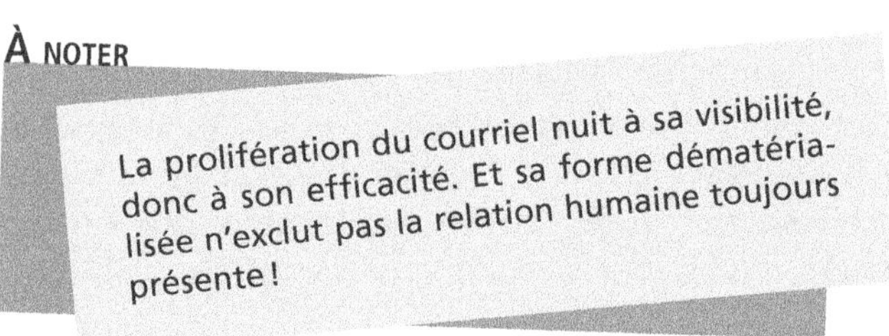

À NOTER

La prolifération du courriel nuit à sa visibilité, donc à son efficacité. Et sa forme dématérialisée n'exclut pas la relation humaine toujours présente !

Mode d'emploi

Les caractéristiques

Identification immédiate de son objet et de son objectif.

Information immédiate et immédiatement transmise à un ou des destinataire(s).

Le contenu

Objet clairement et brièvement identifié dans la case « objet ».

Phrases courtes et simples.

Structuration basique : introduction, information concise ou demande explicite, éventuellement une échéance de réponse.

Pièces jointes clairement nommées.

Civilités indispensables comme pour tout courrier, même si le message est bref. Recommandations :

- salutations en ouverture (bonjour, bonsoir…) ;
- brève formule de politesse : bien cordialement, à bientôt, avec tous mes remerciements, bonne lecture…

La diffusion

Il y a plusieurs possibilités d'envois simultanés :

* le(s) destinataire(s) du message ;
* le(s) destinataire(s) en copie pour information.

 **Sauf exception ou message collectif, le courriel ne s'adresse qu'à un seul destinataire, ce qui est une façon claire de désigner les responsabilités. Il faut éviter d'« arroser » au risque de faire que plus personne ne se sente… destinataire !**

Le discours

Le discours, exercice oral par excellence, se prépare… par écrit. Art de la prise de parole, il ne s'improvise pas.

Pour que le discours soit vivant et non une lecture figée, l'orateur utilisera quelques feuillets, à portée de regard, qui lui permettront de suivre son fil conducteur et de recentrer le sujet si nécessaire.

L'orateur s'attache au plan de son intervention. Le support écrit peut servir en situation, il peut aussi servir à la rédaction complète de l'intervention pour diffusion et pour prolonger la temporalité de la prise de parole.

Il existe deux sortes de supports écrits de discours :

* le plan d'intervention qui permettra à l'orateur de suivre son propos ;
* le discours entièrement rédigé et finalisé pour diffusion après intervention.

Le discours peut être rédigé :

* par l'orateur lui-même ;
* par un rédacteur désigné, son assistant(e) ou un collaborateur direct.

Si le discours est rédigé par l'orateur... Mode d'emploi

Les caractéristiques

Le support écrit du discours est le plan d'intervention puis éventuellement la retranscription écrite ultérieure de la prise de parole.

Le contenu

Le support d'intervention comporte le plan du discours : l'introduction, les différentes parties avec des intitulés et des repères, le déroulement de l'animation (temps par sujet ou partie, pauses, temps de questions-réponses).

Le support rédigé post-intervention est un texte complet qui restitue l'ensemble du discours dans la visée d'une diffusion (publication, médias).

Le plan du discours

S'informer sur l'auditoire : qualité, niveau de connaissance des participants, points de vue divergents ou contestataires…

Établir un plan détaillé avec les parties et les sous-parties.

Rédiger l'introduction, éventuellement dans sa totalité, afin de ne pas oublier les éléments formels et indispensables (présentation, auto-présentation, remerciements…) facilement zappés en début de prise de parole (à cause du stress, d'un dysfonctionnement du micro…).

Énoncer des titres clairs (sans formulation complexe) pour chacune des grandes parties du discours.

Prévoir des mots-clés, des « accroches » pour chaque partie.

Évaluer la durée pour chaque partie (avec une marge souple) : la maîtrise du temps n'est pas aisée en situation, il est dommage de précipiter la fin.

Prévoir les temps intermédiaires : pauses, questions-réponses (les annoncer au début de l'intervention).

Bâtir solidement la conclusion afin que la prestation ne finisse pas dans la précipitation ou le flou.

Utiliser éventuellement un diaporama pour soutenir son fil conducteur et la structure de sa présentation.

Le discours rédigé post-intervention

Reprendre le plan d'animation ci-dessus.

Rédiger selon les normes du « bien écrire » (techniques rédactionnelles, lisibilité) afin de rendre le discours publiable.

Intégrer les interventions des participants : sélectionner et reformuler, certaines prises de parole pouvant être hors sujet, confuses…

Par souci d'honnêteté, l'orateur prendra en compte les prises de parole des participants contradictoires ou un peu digressives, à condition qu'elles s'intègrent dans son propos. Il pourra les reformuler et oublier les apostrophes inopportunes. L'équilibre se trouve dans la juste cohésion entre l'esprit et la réalité de son intervention afin que les participants lecteurs s'y retrouvent et que le texte soit perçu comme un écho fidèle du discours.

Si le discours est rédigé par un rédacteur… Mode d'emploi

Les caractéristiques, le contenu et le plan sont identiques au mode d'emploi pour l'orateur. Ce qui distingue le travail d'un rédacteur autre que l'orateur réside dans la manière de procéder.

Qu'il intervienne en amont ou en aval du discours, le rédacteur doit anticiper le travail qu'il aura à faire. En plus du mode d'emploi indiqué pour l'orateur (voir ci-dessus), il devra suivre les conseils suivants.

En amont de l'intervention de l'orateur

Construire un plan détaillé identique à celui conseillé pour l'orateur.

Pour l'introduction : bien s'informer sur le contexte, l'objectif de l'intervention, les caractéristiques de l'auditoire.

Personnaliser certains passages, en fonction du statut, des enjeux professionnels mais aussi personnels de l'orateur.

Adapter les détails et les compléments utiles de présentation selon l'assurance de l'orateur.

Prévoir quelques questions types qui peuvent être posées par les participants et mentionner des éléments de réponse.

En aval du discours

Anticiper sur ce travail en proposant, si possible, un enregistrement du discours.

Respecter le style de l'orateur mais en veillant à la pertinence des propos à rapporter (l'oral est plus permissif que l'écrit).

Supprimer les aléas de l'oral (hésitations, mots « tics », reprises…).

Rapporter fidèlement les contenus de l'intervention, avec les modifications qui ont pu survenir par rapport au plan initial.

Insérer les commentaires et les questions des participants avec, cependant, l'accord de l'orateur.

Faire valider le texte final par l'orateur avant diffusion.

Si le rédacteur est pressenti après le discours, il ne pourra pas « anticiper » sur la plupart des éléments utiles pour sa rédaction. Pour autant, il devra, même à rebours, s'informer sur les conditions de l'intervention et sur la personnalité de l'orateur.

Dans tous les cas, le rédacteur doit s'effacer devant l'orateur, il écrit « pour quelqu'un » !

Le diaporama

Le diaporama, ou présentation d'informations avec un logiciel PowerPoint, lors d'une réunion, d'un séminaire, est une pratique si courante qu'elle n'est pas toujours bien utilisée. Qui n'a jamais dormi pendant le défilé interminable de *« slides »* (transparents) lus par une voix monocorde ? Qui n'a jamais soupiré devant la tartine de texte d'une diapositive ?

Il y a, pour le diaporama, quelques règles du « bien écrire » indispensables à suivre. Le diaporama est le support d'une communication orale. Il doit être conçu et rédigé comme tel, c'est-à-dire :

* il ne remplace pas la prestation orale de l'intervenant ou de l'animateur ;

* il sert de point d'appui au commentaire ;

* il rappelle le fil conducteur de la présentation ;

* il est un outil de prise de notes et de mémorisation pour les participants.

Un support de documentation post-réunion

S'il doit servir à la fois pendant le déroulé de l'animation et, plus tard, comme documentation de référence pour les participants, ce n'est pas une raison pour le gonfler de texte.

Les atouts du diaporama

Le diaporama sert d'appui à l'animateur pour garder le fil de sa présentation et, s'il y a débat ou questions, pour recentrer les participants sur le sujet.

Les diapositives permettent une présentation peu coûteuse, colorée, bien articulée au discours de l'animateur de réunion. Elles peuvent inclure des schémas, des illustrations, des animations (voir les options de « PowerPoint ») qui donnent vie et dynamisme aux informations.

Les inconvénients du diaporama

On lui reproche son usage abusif induisant une uniformisation de la pensée. Or, le diaporama est un outil et tout dépend de son utilisateur. Il serait illusoire de prétendre que les auditeurs d'un colloque ou les participants d'une réunion soient sans recours critique face aux informations ainsi dispensées et leur mode de présentation. Les inconvénients peuvent être les mêmes que pour n'importe quel autre support de communication.

Recommandations pour un bon usage du diaporama

- Il doit rendre l'information accessible et non pas écraser l'auditoire d'une masse indigeste et soporifique d'informations.

- Il doit répondre aux attentes (toujours existantes) des participants et ne pas servir de « masque » à un manque de contenu ou d'à-propos.

- Il doit servir de fil conducteur dans le déroulement d'une prestation orale sans se substituer au présentateur.

- Il doit servir de repère aux participants en laissant la place d'une prise de parole : question, avis contradictoire…

Si le présentateur peut oublier un instant son diaporama pendant son intervention, tant mieux ! Il pourra y revenir pour retrouver le fil conducteur.

Mode d'emploi

Les caractéristiques

Série de diapositives afin de présenter collectivement des informations selon un déroulement thématique et logique.

Le contenu

Le diaporama ne présente pas la totalité du discours du présentateur ou animateur. Il découpe le thème selon une déclinaison organisée.

Il comprend du texte, des graphes, des animations (menu du logiciel).

Chaque diapositive présente les points forts d'une partie ou d'une étape de la présentation.

La préparation

Construire le déroulé du diaporama selon un plan logique et chronologique.

Structurer le plan en parties et sous-parties aisément identifiables.

Prévoir une diapositive par sous-partie, avec les repères de déclinaison du plan.

Choisir une présentation graphique sobre, des animations ponctuelles pour rompre la monotonie.

Rédiger chaque diapositive, sans excès de texte ni de graphes.

Réserver les surplus et les commentaires pour l'oral.

Préparer en parallèle le document d'accompagnement du présentateur.

Anticiper des temps de pause, de récapitulation, de questions-réponses.

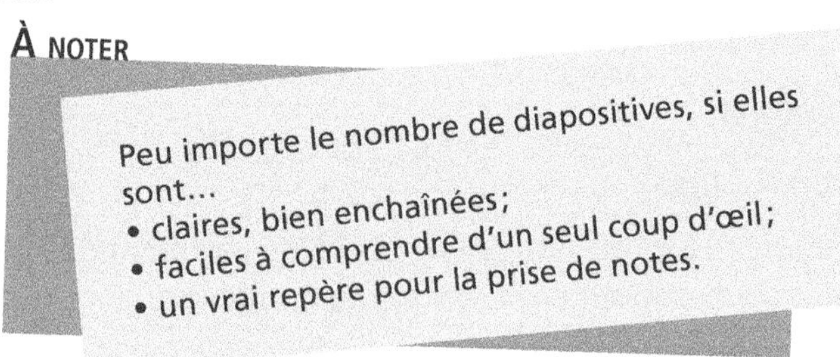

Le communiqué de presse

Le communiqué de presse, très en usage dans les relations presse des grandes entreprises, est parfois utilisé par les plus petites entreprises pour transmettre aux médias des informations sur leurs activités ou réagir à un article de presse, pour faire face à une situation de crise.

À partir du moment où l'entreprise communique avec un média, pour lancer un nouveau produit, faire connaître une initiative locale, un événement auquel elle participe, elle se construit une image, une identité qui va s'inscrire dans le paysage économique.

Dans une structure qui ne dispose pas d'un attaché de presse, le dirigeant, un responsable de service ou un collaborateur peut avoir à rédiger un communiqué de presse. Il aura besoin de ces quelques notions de base.

Les principes

Le communiqué de presse n'est pas une forme de publicité. Il constitue un moyen d'informer les journalistes sur ce qui peut être important pour leur lectorat, au regard d'un contexte d'actualité ou d'intérêt général.

Il doit coïncider, à un moment donné, entre l'offre de l'entreprise et les attentes manifestes ou probables du public. Il anticipe un événement (lancement, innovation) ou il réagit à un événement (situation socio-économique, écho de la presse).

Il doit être adressé à des médias ciblés selon l'objectif et le public visés.

Le journaliste utilisera le communiqué de presse selon son appréciation, en comparaison avec la concurrence, en complément d'investigation, en cohérence avec la ligne éditoriale de son journal.

Mode d'emploi

Les caractéristiques

Nom de l'entreprise et date.

Date de diffusion souhaitée de l'information : « immédiate » ou « le… ».

Rédigé en se mettant à la place du journaliste : il s'intéressera à ce qui intéresse ses lecteurs.

Le contenu

Accroche comme le « chapô » d'un article (2 à 3 lignes maximum) : l'information essentielle à retenir.

Texte rédigé à la forme impersonnelle pouvant, si le journaliste le souhaite, être repris tel quel dans le journal.

Informations qui répondent aux questions que se posera le journaliste : qui, quoi, quand, où, comment… ?

Informations pratiques : description du produit, prix, date de sortie, date de l'événement, etc.

Si nécessaire, un bref descriptif de l'entreprise.

Contact de l'entreprise : nom, téléphone, adresse de messagerie.

La diffusion

Liste des médias pouvant être intéressés par le produit, l'événement, l'information.

Envoi à l'avance en connaissant les délais de publication, souvent longs, et le bouclage du numéro, souvent tôt.

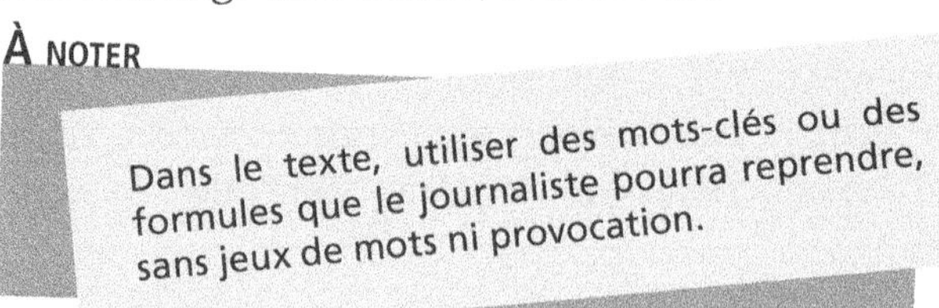

À NOTER

Dans le texte, utiliser des mots-clés ou des formules que le journaliste pourra reprendre, sans jeux de mots ni provocation.

Conseil

Faire relire le communiqué de presse par une personne qui ne connaît pas l'entreprise ni le produit, ou ignore l'événement.
Ajouter des photos (produit, équipe, site de l'entreprise) sans alourdir l'envoi par messagerie.
S'il s'agit d'un événement (lancement, inauguration), joindre une invitation.

Le dossier de presse

Préparé à l'avance et non dans l'urgence d'une actualité, le dossier de presse rassemble des informations autour d'une thématique importante ou récurrente, d'un événement, d'un lancement à promouvoir auprès des médias. Le dossier de presse contient :

- un communiqué de presse pour présenter l'objet de l'information, les points majeurs, avec le contact de l'entreprise ;
- une fiche de présentation du sujet, de l'événement ou du lancement : pourquoi, où, comment (l'organisation) ; ou une fiche de présentation du produit (description, atouts, innovation) ou encore du thème à mettre en valeur (activité dominante, engagements socio-économiques…) ;
- une fiche de présentation de l'entreprise ou de l'organisme : activités, missions, réalisations ;
- des photos si nécessaire (lieu de l'événement, produit…) ;
- des informations complémentaires qui viennent renforcer l'image de l'entreprise : données chiffrées, statistiques, évolutions… (de source interne ou externe, à préciser) ;
- une invitation dans le cas d'un événement.

Les médias sont le relais auprès d'un public plus large que celui habituel de l'entreprise (clients) ou de l'organisme (usagers). Il faut soigner l'image dans un dossier « pro » qui retiendra l'attention.

Le blog

Le blog, contraction de « Web » et « log », est, à l'origine, le journal personnel d'un utilisateur non spécialiste conçu grâce à des logiciels accessibles *via* Internet.

Il est constitué de billets (petits articles) rédigés au fil des jours – présentés par ordre chronologique inverse (d'abord les plus récents) –, d'hyperliens, de photos, de vidéos. Son adresse est transmise à un réseau personnel et le lecteur peut ajouter un commentaire à chaque billet publié.

Le blog s'est diversifié, prenant une telle ampleur qu'il est désormais utilisé comme support de communication professionnelle.

Le blog du professionnel indépendant

Vite adopté par les professionnels, notamment par les indépendants, pour faire connaître leurs activités, le blog a remplacé, dans nombre de cas, la plaquette de présentation. Son fort avantage de mise à jour et l'économie de coût qu'il engendre permettent de maintenir une relation active, rapide, actualisée avec les clients ou les prospects.

De plus, à travers un blog, une communauté d'indépendants peut se créer autour d'un point commun : la région ou le type d'activité. Des télétravailleurs peuvent œuvrer en collaboration ou partager des expériences, maintenir ainsi une relation à la fois humaine, personnalisée et professionnelle.

Le blog d'entreprise

Aujourd'hui, il existe des blogs d'entreprise à usage interne ou externe. Même si l'entreprise dispose d'un site Web, elle crée parfois un blog pour une information réservée à des réseaux ciblés ou pour une collaboration d'équipe.

Le blog dédié à l'externe

Il permet de communiquer avec une clientèle pour lui faire connaître les nouveautés, donner des conseils et des réponses à des questions pratiques (modes d'utilisation des produits ou des services, promotions) et, ainsi, éviter la surcharge des standards téléphoniques. Les services publics peuvent aussi, localement par exemple, diffuser une information aux usagers, cibler une catégorie particulière pour mieux gérer les flux à l'accueil du public.

Le blog à usage interne

Le blog peut être le support du journal interne de l'entreprise, sachant qu'il permet une interactivité puisque le lecteur peut ajouter son commentaire aux billets publiés. Cette option permet de mesurer le climat social de l'entreprise et peut être intéressante, associée au management, dans certaines phases d'accompagnement du changement.

Mieux que le courriel, le blog favorise le partage d'informations sur un projet en temps réel. Dans un travail en équipe ou avec un prestataire, il renforce la relation de collaboration de par son espace d'informations immédiatement disponible. Lorsque les échanges s'intensifient autour d'un dossier, d'un projet, le blog interne remplace avantageusement une messagerie encombrée.

Le blog étant accessible à une liste de visiteurs ayant l'adresse (Url), il peut être un outil de communication en « *off* », pour une durée déterminée.

Mode d'emploi

Les caractéristiques

Le blog doit être tenu à jour… chaque jour.

Un responsable du blog doit être désigné pour assurer sa mise à jour.

L'interactivité en temps réel demande une veille des collaborateurs concernés.

Le contenu

Les billets publiés doivent suivre les règles de l'écriture Web.

Chaque billet est automatiquement daté du jour et vient s'afficher en premier.

Les différentes rubriques en option doivent être nommées (titres clairs et simples) pour un classement thématique facilement repérable.

Le blog peut être enrichi de documents de texte ou multimédias.

Les liens hypertextes renvoient à des sites qui doivent être en cohérence avec les sujets traités et les objectifs de communication.

Pour un bon usage du blog, un groupe de travail peut préparer et formaliser les échanges. Si besoin, il faut faire appel à un expert (spécialiste des réseaux sociaux) pour mettre en place ce dispositif de communication.

Pour rédiger un billet sur le blog

Choisir la bonne rubrique.

Trouver un titre clair et direct (accroche informative).

Introduire l'objet du message dès les premières lignes.

Faire des phrases courtes, comme pour un article de journal.

Choisir un vocabulaire simple, accessible à tous les interlocuteurs.

Signaler les documents éventuels en référence (texte, photos, vidéos).

Répondre rapidement aux commentaires.

Pour ajouter un commentaire à un billet

Poser clairement la question ou le problème sans polémique inutile.

Ajouter brièvement le complément d'information.

L'Intranet d'entreprise

C'est un espace Internet dédié au personnel d'une entreprise ou à un réseau professionnel interne. Il est conçu sur mesure et offre les avantages d'Internet mais sans accès pour les personnes externes à l'entreprise.

La *newsletter*

La *newsletter*, ou lettre électronique, est une « lettre d'actualité » apportant des informations ponctuelles à des destinataires ciblés et gérés à travers un fichier d'adresses mis à jour.

De nombreuses entreprises ont adopté ce support pour entretenir, développer la relation à une clientèle ou à des interlocuteurs importants de leur réseau économique et social.

La *newsletter* est envoyée par messagerie. Le fichier d'adresses peut être établi à partir de listes d'interlocuteurs ou de clients connus de l'entreprise, ou à partir de sources externes. Elle constitue ainsi une lettre régulièrement adressée à un fichier d'abonnés.

Il est obligatoire que la mention « se désinscrire » soit affichée dans la lettre afin que le destinataire garde la liberté d'être abonné ou non.

La *newsletter* permet de personnaliser une communication, avec une économie de coût et un gain de temps. Le rédacteur professionnel, sans être webmaître, peut avoir pour fonction partielle ou permanente de rédiger des textes pour la *newsletter* de son entreprise.

De nombreux ouvrages existent sur la création de la lettre électronique, ici sont résumés les points qui intéressent la rédaction professionnelle.

Mode d'emploi

Les caractéristiques

Message d'alerte d'actualité pour fidéliser une cible et pour créer des liens directs vers un site Internet.

Pas de fréquence idéale, mais une régularité de parution.

Le contenu

L'information que l'entreprise souhaite faire connaître en temps réel.

L'information est toujours nouvelle, non répétitive.

L'information va du synthétique à l'exhaustif, par liens vers des pages.

Chaque page présente une information dans sa totalité.

Le titrage est informatif.

La structure du texte est en pyramide inversée, comme pour un journal.

Le sommaire doit servir de repère pour la consultation du lecteur.

Les règles de rédaction sont celles de l'écriture Web.

ANNEXES

Annexe 1

TABLEAUX SYNOPTIQUES « ACTIONS ET ÉCRITS »

Dans cet ouvrage, le rédacteur trouve le savoir utile et le savoir-faire pour assurer la réalisation d'un écrit vraiment professionnel.

Toute la démarche présentée ici vise une qualité de l'écrit professionnel dans sa relation avec l'action : objectif, production, processus.

Les tableaux suivants donnent des exemples de corrélation entre :

* les « actions » (les actes et les intentions spécifiques de l'univers professionnel)

* et les « écrits » (les divers supports de communication de l'entreprise).

Avant de se demander : « Comment écrire une lettre, une note, une synthèse ? » il faut s'interroger :

⇨ Quel est le message ?

⇨ Pour qui ?

⇨ Dans quel contexte ?

⇨ Pour obtenir quoi ?

⇨ Quel est le bon support ?

Ensuite, on applique le « bien écrire ».

Les exemples de correspondance entre écrits et actions, dans les tableaux présentés ci-après, sont donnés à titre indicatif. Au travail, selon les usages et l'environnement de l'entreprise – les circonstances du message –, des variations sont à prendre en compte.

CONSEIL

Le rédacteur professionnel a pour rôle non seulement d'écrire mais aussi de formuler une recommandation si le choix du support ne lui paraît pas pertinent. Son expertise s'étend à l'ensemble du message. En cas de modèle imposé, la règle est bien sûr la souplesse, la concertation.

Les trois grands types d'écrits

On répertorie trois types d'écrits : descriptif, explicatif, argumentatif. Quel que soit le support choisi, l'écrit répondra à l'une de ces intentions qui conduira le message.

Exemples d'association : types d'écrits – intentions

Types d'écrits	Objectif	Type de Support	Public visé	Intentions
Descriptif	Faire état	Note d'information Compte rendu Fiche technique Journal interne Rapport *To Do List* *Reporting*	Hiérarchie Opérateurs	Informer d'une décision, sur un nouveau produit ou service Informer d'un état d'avancement Faire le point
Explicatif	Faire comprendre	Fiche action Lettre Dossier thématique	Équipe Partenaires	Organiser le travail Donner du sens à une stratégie (marketing, managériale)
Argumentatif	Faire adhérer	Lettre *Mailing* Publicité	Clients Abonnés	Défendre ses intérêts Faire acheter, faire accepter
		Communiqué, dossier de presse	Médias	Affirmer, influer, proposer Réfuter, contredire Réagir, différer une réaction
		Synthèse Note d'information Note de service Note de problématique	Équipe	Faire faire Franchir une étape Accélérer un processus Faire travailler ensemble Résoudre un conflit ou une difficulté Relancer une production Réorienter une action Soutenir, valider une action
		Lettre Plaquette	Partenaires	Ouvrir le dialogue Lancer un projet

Exemples d'articulation :
supports/demande interne/objectif

Supports	Commanditaires	Messages	Cibles
Externe			
Lettre Prospectus Dépliant Plaquette Journal destiné à la clientèle *Newsletter*	Direction	Positionnement d'entreprise Communication identité/image Valorisation des résultats Affirmation des valeurs ou missions de l'entreprise	Réseaux externes
Rapport d'activité	Présidence Administrateurs		Administrations
Blog Carte de vœux Invitation	Responsable de service	Mode d'emploi Conseil Offre de service	Clients Abonnés Grand public
Communiqué de presse	Service de presse	Information relais Alertes	Médias Partenaires Intermédiaires économiques
Interne			
Note de service Note de problématique Compte rendu Procès-verbal Journal interne	Cadres Équipes Groupes de travail	Orientations générales	Agents de direction Instances de décision (CA)
		Organisation générale	Encadrement
		Cohésion Consignes de travail Procédures et modes opératoires	Personnel de l'entreprise
Blog Intranet		Accompagnement du changement	Réseaux internes

Annexe 2

PETIT VOCABULAIRE DU « BIEN ÉCRIRE »

L'univers de l'écrit professionnel fait appel à un vocabulaire relevant de la linguistique, de la communication (dont l'origine est parfois militaire : stratégie, cible…), des nouvelles technologies (anglicismes), parfois des expressions plus populaires (publicité).

Il contient également des expressions à la mode, plus ou moins durables. Il faut en connaître le sens mais les utiliser sans excès. Il emploie quelques figures de rhétorique, à utiliser à bon escient.

Ce « Petit vocabulaire du "bien écrire" » est utile à la culture du rédacteur. Il invite, surtout, à consulter les dictionnaires et les ouvrages de référence pour approfondir les notions théoriques et élargir le lexique.

Anacoluthe

Cassure de logique dans la syntaxe, en général au début de la phrase.

Antithèse

Figure de l'opposition, mettant en parallèle deux réalités opposées (deux concepts ou deux mots), pour mettre vigoureusement une idée en valeur.

Anglicisme

Terme anglais introduit dans la langue française, parfois modifié dans sa forme et son emploi pour son adaptation aux normes de la langue d'accueil (marque de pluriel ou de genre).

Bas de casse

Lettres minuscules.

Calibrage

Comptage qui permet d'évaluer l'encombrement d'un texte : nombre de signes (lettres, ponctuation, espaces).

Césure

Coupure syllabique ou grammaticale d'un mot en fin de ligne.

Cible

Destinataire (lecteur, auditeur, téléspectateur, catégorie socioprofessionnelle) dont on attend une action ou une réaction.

Connotation

Ce qui vient s'ajouter au sens objectif, sous l'influence du contexte ou de l'usage. Un mot peut être « connoté », c'est-à-dire qu'il présente une variable de sens du fait d'opinions subjectives, associatives (personnelles ou propres à un certain contexte, parfois généralisables à un groupe).

Comparaison

Procédé pour souligner une similitude entre deux choses ou deux êtres, introduit par « comme » ou un équivalent (« pareil à », « tel un(e) »), ou le verbe « sembler » ou « ressembler ».

Communication

Ensemble des processus permettant aux personnes de partager du sens, de coproduire une action par une réponse ou une réaction.

Concept

En langage de communication, c'est une idée qui va déterminer une ligne directrice pour un ensemble de messages et d'actions, résumée en un mot ou en une phrase.

Contexte

Littéralement, « ce qui va avec le texte » (con – préfixe « avec » – texte).

Coquille

Erreur de frappe, lorsqu'une lettre manque, est ajoutée ou mise à la place d'une autre.

Dénotation

Sens le plus courant d'un mot. Sens stable et commun à l'ensemble des locuteurs, et descriptible indépendamment de ses emplois usuels, connotés (contextuels).

Ellipse

Suppression d'un terme qui serait grammaticalement nécessaire.

Euphémisme

Atténuation du propos pour réduire un effet déplaisant ou agressif. On remplace le mot approprié par un autre, proche mais moins fort de sens.

Extranet

Réseau Internet privé d'une entreprise, dédié aux clients, aux fournisseurs ou aux partenaires.

Flyer

Anglicisme. Prospectus, tract publicitaire.

HTML

Langage de description standard de documents utilisé sur le Web (balisage hypertexte).

Inférence

Interprétation d'une formulation que l'on tient pour « vraie », que l'on induit d'un contexte.

Information

Transmission unilatérale de données entre un émetteur et son destinataire.

Intranet

Réseau Internet interne à l'entreprise.

Langue

Patrimoine d'expression d'un pays, bien collectif, partagé par une communauté de personnes. Normative, avec des règles de graphie et de fonctionnement.

Langage

Appropriation individuelle de la langue. Production active, personnelle, expression d'un domaine d'activité ou d'un groupe sociétal.

Litote

Dire le moins pour exprimer le plus, souvent sous une forme négative.

Linguistique

Étude scientifique qui décrit le langage articulé, observe les signes et les caractères généraux des différentes langues, dans toutes leurs formes d'expression (langue normative, langages).

Marque

Ensemble de signes qui identifient une entreprise, une institution, un produit ou un service. La marque constitue un capital qui donne de la valeur à l'émetteur, par la garantie de qualité d'un produit, d'un service.

Message

Information à transmettre à la cible : le contenu prendra une forme variable (discours ou produit écrit). Le « message » peut aussi désigner, au-delà de la question du support, l'intention globale de communication.

Métaphore

Comparaison sans terme comparatif. Forme condensée d'image par laquelle on remplace un terme par un autre pour produire une image plus forte, plus parlante.

Objectif

Effet attendu de l'action de communication : retour ou réaction positive. Résultat souhaité afin de réussir une action nécessaire à l'économie d'une entreprise.

Page

Une feuille comprend deux pages (le recto et le verso).

Périphrase

Remplacement d'un terme par sa définition (pour éviter une répétition ou varier l'expression) ou par une formulation détournée (proche de l'euphémisme).

Pléonasme

Mot ou expression qui constitue une répétition de ce qui vient d'être dit ou écrit.

Phonétique

Description des sons, dans leur différence entre eux. Il s'agit d'un point de vue articulatoire et physiologique de la langue.

Sémantique

Étude du «sens» du langage. Science de la signification qui, notamment, observe les variations de sens dans les faits de langage.

Sémiologie

Science qui étudie la vie de l'ensemble des signes dans la vie sociale : langue, codes, signalisations.

Typographie

Art de composer un texte en vue de l'impression. Plus largement, ensemble des éléments qui composent la présentation d'un texte.

Annexe 3

BIBLIOGRAPHIE

Maurice Grévisse, *Le Bon Usage*, Éditions Duculot, 1975, 14e éd. 2007.

Roman Jakobson, *Éléments de linguistique générale*, Éditions de Minuit, 1981.

André Jouette, *Dictionnaire d'orthographe et d'expression écrite*, Les Usuels, Éditions Le Robert, 2006.

Yves Perrousseaux, *Manuel de typographie française élémentaire*, éditeur Atelier Perrousseaux, 1997.

Michel Saucet, *La Sémantique générale aujourd'hui*, Le Courrier du Livre, 1983.

Marina Yaguello, *Catalogue des idées reçues sur la langue*, Éditions du Seuil, 1978.

Ouvrages collectifs

Le Petit Décodeur, lexique du langage administratif : recommandations de langage simplifié, Éditions Le Robert, 2005.

Dictionnaire des règles typographiques, Éditions du CFPJ, 1997.

Pour la collection « Bescherelle », *Orthographe, Conjugaison, Grammaire*, voir les dernières éditions sur le site www.bescherelle.com.

Annexe 4

INDEX

Annexe 5

TABLE DES MATIÈRES

Chapitre III
Guide méthodologique de l'écrit professionnel........... 59

N° éditeur : 4195

Dépôt légal : janvier 2022
Imprimé en Allemagne par BoD

www.ingramcontent.com/pod-product-compliance
Ingram Content Group UK Ltd.
Pitfield, Milton Keynes, MK11 3LW, UK
UKHW021016220726
13924UKWH00001B/10